KB167172

세기의 사랑 이야기

차례
Contents

존 레논(John Lennon) & 오노 요코(Yoko Ono)

평범한 사랑을 뛰어넘은 진실한 영혼의 만남

영원한 애증의 커플

존 레논과 오노 요코 이 두 스타 커플만큼 전세계 음악팬들의 애증이 교차하는 대상도 없을 것이다. 팬들은 따뜻하고 애정 어린 눈길로 그 둘을 쳐다보다가도, 일순간 질투와 분노가 섞인 매서운 눈초리로 돌변한다. 아니 이런 시시각각 변하는 팬들의 감정은 오노 요코에게 집중되어 있다고 하는 것이 정확할 것이다. 요코는 1966년 11월 존 레논과의 첫 만남 이후 오랫동안 '만인의 연인 비틀스를 해체시킨 주범', '존 레논을 죽음으로 이끈 마녀', '못생기고 젖가슴은 늘어진 창녀', '영어도 제대로 못하는 히피' 등의 악의에 찬 비난들을 감수

3

해야만 했다. 비록 세월이 많이 흘러 현재는 그런 악감정들이 많이 수그러들었지만, 아직도 비틀스와 존 레논을 언급할 때 오노 요코는 영원한 애증의 아이콘으로 남아있다.

그러나 존 레논에게 오노 요코는 남들이 뭐라고 하든 '내겐 너무 예쁜 그녀'였다. 그는 주위의 수군거림에 대해 이렇게 말한 적이 있다.

"사람들 눈에 요코가 어떻게 보이든 나한테는 최고의 여성이다. 비틀스를 시작할 때부터 내 주변에 예쁜 여자들은 얼마든지 널려 있었다. 하지만 그들 중에 나와 예술적 온도가 맞는 여자는 없었다. 난 늘 내 음악을 이해하는 여성을 만나 사랑에 빠지는 꿈을 꿔왔다. 나와 예술적 상승을 공유할 수 있는 여자 말이다. 요코가 바로 그런 여자였다."

존 레논에게 요코는 단순히 육아와 살림을 책임지는 아내가 아닌 음악과 정신 세계를 함께 나누는 예술의 동반자였던 것이다. 비틀스라는 커다란 벽을 깨부수고 더 넓은 세상으로 뻗어나갈 수 있도록 힘을 준 것도 요코였고, 솔로 독립 이후 지구촌의 사랑과 평화를 위해 노래할 수 있도록 만들어준 것도 요코였다. 존 레논은 한술 더 떠 자신과 요코의 관계는 선생님과 학생의 관계라고 말하기까지 했다.

"요코는 선생님이고 난 학생이었다. 난 모든 것을 알고 있을 것만 같은 유명인사이다. 그러나 요코가 나의 선생님이다. 그녀는 지금 내가 알고 있는 모든 것을 가르쳐주었다. 내가 방황할 때 바로 옆에 그녀가 있었던 것이다."

난 태어났노라! 살았노라! 요코를 만났노라!

존 레논이 전위 예술가 오노 요코를 만난 것은 1966년 11월 영국 런던의 인디카 갤러리에서였다. 당시 인디카 갤러리는 런던 아방가르드 예술가 집단의 거점이었다. 미술관 안으로 들어선 존은 요코의 작품 중 하나인 「못을 박기 위한 페인팅 *Painting To Hammer A Nail*」을 감상했고, 관장이 데리고 온 요코에게 "제가 여기다 못을 박아도 될까요"라고 물었다. 존이 누구인지 관심도 없었던 요코는 5실링을 내면 그림에 못을 박을 수 있다고 답했고, 이에 대해 존 레논은 "내가 5실링을 주었다고 상상하고, 상상 속의 못으로 박으면 되겠군요"라고 위트 있게 받아 넘겼다.

존은 나중에 이 순간을 다음과 같이 회상했다. "그때가 바로 우리가 진짜로 만난 때였다. 우리의 눈길이 서로에게 멈추었는데, 그녀도 그걸 느끼고, 나도 느꼈다. 그리고 그 뒤 역사가 이루어졌다" 요코 역시 "우리는 요란하게 충돌했다. 그에게서 받은 첫 인상은 괜찮아 보인다는 것이다. 그랬다. 보자마자 그런 생각이 들었다"며 존과의 첫 만남에서 불꽃같은 사랑을 예감했음을 밝혔다.

이때부터 1969년 3월 결혼식을 올리기 전까지 존 레논과 오노 요코는 서로의 집과 작업실, 스튜디오, 거리에서 음악과 미술, 퍼포먼스, 반전 시위 등을 함께 하며 예술에 대한 교감을 나눴고, 사랑을 확인했다. 하지만 두 커플의 사이가 가까워질수록 주위의 반응은 냉담해졌다. 당시 영국 신문들은 "요코는 세계인이 가장 싫어하는 인물", "요코, 비틀스는 그녀를 경멸한다", "그녀가 비틀스의 한 멤버를 훔쳤다" 등을 헤드라인으로 뽑아 요코가 세계적인 그룹 비틀스를 종말로 몰고 가고 있다며 비난했다.

폴 매카트니, 조지 해리슨, 링고 스타 등 다른 비틀스 멤버들조차 존과 요코가 함께 있는 것을 싫어했다. 존 레논은 후일 이에 대해 "그들은 여자의 말에 귀를 기울이지 않는다. 그들에게 여자는 단지 계집일 뿐이다"라며 다른 멤버들이 요코에게 무관심과 무시로 일관한 것에 불만을 토로했다.

하지만 존 레논이 요코와 사랑을 속삭이기 전부터 비틀스는 이미 해체의 길로 들어서고 있었다. 1967년 명반 『Sgt. Pepper's Lonely Hearts Club Band』를 정점으로 비틀스는 네 명의 멤버 모두가 독자적인 개성을 갖는 아티스트로 성장하면서, 그룹이 아닌 '존·폴·조지·링고'로 흩어졌다. 이처럼 내리막길을 걷고 있던 비틀스 말기에 오노 요코가 운명의 장난처럼 멤버들 중 가장 유목민 기질이 강한 존 레논을 만나면서 그룹의 분열을 앞당긴 것이다.

존 레논 또한 오노 요코를 비틀스의 해체 주범으로 몰아세우는 것에 대해 강하게 반발했다. 그는 "나는 요코를 만나기 전부터 탈출하고 싶었다. 그렇지만 실행에 옮길 용기가 없었다. 그러나 요코와 사랑에 빠지게 되고 나서는 모든 것이 이제까지와는 달라졌다. 여자 친구가 생기면, 이제 더 이상 친구들과 술도 안 마시고, 축구도 안하고, 당구도 치지 않는 그런 것 말이다'라고 자신의 의사를 밝혔다. 비틀스라는 별들의 장막을 벗어나 또 다른 세계를 경험하고자 하는 존에게 요코는 단지 길잡이 노릇을 했을 뿐이라는 것이다.

여기서 한 가지 재미있는 사실은 존 레논과 오노 요코를 만나도록 도와준 사람이 바로 폴 매카트니였다는 점이다. 1960년대 중반 아방가르드 예술에 관심이 많았던 폴이 존에게 전위 예술을 접해보도록 권유했고, 심지어 악보를 보기 위해 자신의 집에 찾아온 요코에게 "친구가 하나 있는데, 당신에게 도움을 줄 수 있을지도 모르겠다"며 존과 요코의 만남을 주선했다고 한다. 참으로 아이러니컬한 일이 아닐 수 없다.

남겨진 사람들

사실 존 레논과 오노 요코의 결합으로 가장 피해를 본 사람들은 비틀스 멤버들도, 음악 팬들도 아닌 바로 이 위대한 커플의 가족이었다. 존과 요코가 처음 만난 1966년에 이미 그 둘은 각기 다른 가정의 남편과 아내였다. 그리고 아버지와 어머니였다. 존 레논은 1962년 신시아 파웰과 결혼하여 줄리언(Julian)이라는 아들까지 있었고, 오노 요코는 1963년 동료 예술가 앤소니 콕스와 결혼하여 교코라는 딸을 두고 있었다. 더구나 요코는 재혼이었다.

당시 주위에서 존과 요코의 로맨스에 대해 부정적인 입장을 보였던 데는 둘 다 가정을 가지고 있다는 짐도 크게 작용했다. 아무리 개방적이고 유행을 앞서가는 '스윙잉 런던(Swinging London)'이라고는 하지만 아내와 남편, 그리고 자식까지 있는 사람들이 사랑에 빠진다는 것은 용납할 수 없었다. 그들의 관계는 한마디로 불륜이었다. 특히 타의 모범이 되어야 할 공인들이었기에 주변의 질시는 더욱 매서웠다.

이와 관련된 유명한 일화가 하나 있다. 존 레논과 오노 요코의 사랑이 꽃필 무렵, 그 둘은 영국 예술가들의 조각 전시회가 열리고 있는 런던의 코번트리에 모습을 드러냈다. 폭격으로 폐허가 된 성당 옆에 두 그루의 떡갈나무를 심기 위해서였다. 요코는 그 나무에 '살아있는 조각'이라고 이름을 붙여놓았다. 하지만 그 곳에 나무를 심으려던 그들의 계획은 교회 관계자의 저지로 무산되고 말았다. 교회 측에서 가정의 행복과 평화를 중시하는 교회가 불륜 커플을 축복해준다는 인상을 심어줄까 두려웠기 때문에 이들의 요구를 들어줄 수 없었다. 결국 그들은 전시장 옆으로 자리를 옮겨 나무를 심어야만 했다. 당시 그 자리에 참석했던 사람들은 존 레논이 마침내 이성을 잃었다며 수군거렸다고 한다.

존 레논과 오노 요코가 가족들을 떼어놓은 방식은 보통 사람들이 상상할 수 없을 정도로 충격적이었다. 1968년 5월의 어느 날 존 레논은 아내 신시아에게 그리스로 여행을 다녀올 것을 권유했다. 신시아가 2주간의 일정으로 그리스로 떠난 사이, 존 레논은 오노 요코를 집으로 불러들여 사랑을 나누고

LSD라는 마약을 흡입하고, 같이 음악 작업을 하는 등 부부나 다름없는 생활을 했다. 여행을 마치고 집에 돌아온 신시아에게 그 광경은 커다란 충격을 안겨 주었다. 남편과 낯선 일본인 여자가 자신의 부엌에서 가운만 걸친 채로 자신을 보며 "오, 안녕"이라는 말을 했던 것이다.

그걸로 모든 게 끝이었다. 신시아는 그해 8월 존을 간통죄로 고소했고, 11월에 정식으로 이혼을 했다. 10만 파운드의 위자료와 아들 줄리언을 위한 양육비를 존이 지급하기로 합의한 후였다. 요코 역시 1969년 2월 초 앤소니 콕스와 이혼했다. 레논은 콕스의 영국 체류 허가를 위한 경비와 체류 비용은 물론이고, 요코와 콕스가 빌려 쓴 10만 달러와 밀린 스튜디오 임대료, 아파트 임대료, 여러 잡비에 이르기까지 모든 재정적인 경비도 부담해야만 했다.

신시아와 앤소니 콕스는 존 레논과 오노 요코로 인해 어차피 감정이 격해질 대로 격해져 있었지만 그들의 아이들은 그렇지 않았다. 아무것도 모르는 아이들이 성장하면서 겪게 될 아픔은 치유하기가 힘들었다. 실제로 당시 다섯 살의 나이였던 줄리언은 어머니 신시아 때문에 나중에 아버지 존 레논과 서먹서먹한 관계에 놓이고 말았다. 존 역시 줄리언에게 충분한 애정을 주질 못했다. 이런 사실을 염두에 둔 듯 폴 매카트니는 어린 줄리언을 위해 노래를 만들었는데, 바로 그 유명한 명곡 「Hey Jude」였다.

쥬드, 그렇게 언짢아 하지마. 슬픈 노래라도 즐거운 곡이 될 수 있듯이 새 어머니를 마음으로 받아들이면 더 좋은 관계가 시작될 거야. 쥬드, 두려워 하지마. 네가 어머니에게 먼저 다가서야지. 일단 어머니가 네 마음에 들어오게 되면 일이 더 잘 풀릴 거야. 그리고 고통스러울 때마다 쥬드, 조금만 참아보렴. 세상의 모든 짐을 네 어깨에 짊어지려 하지마. 쥬드, 실망시키지마. 그녀를 찾았으니 이제 놓치지마. 네 마음속에 그녀를 받아들이는 걸 잊지마. 그러면 더 좋게 시작할 수 있을 거야.

존 레논은 요코와의 사이에서 태어난 아들 션에게는 사랑을 듬뿍 주었는데, 이 때문에 또 다시 많은 이들로부터 비난을 받아야만 했다. 존은 션이 태어나자 "엠파이어스테이트 빌딩 꼭대기보다 더 높이 뜬 기분이야"라고 외쳤고, 션을 위해 음악 활동을 잠시 접고 베이비 시터를 자청하며 집에 들어앉아 그림책 『아빠는 널 사랑해』를 만들 정도였다. 존 레논이 션을 위해 작사, 작곡한 「Beautiful Boy」의 노랫말을 살펴보면 그 애정이 얼마나 뜨거운지를 알 수 있다.

눈을 감아. 두려움을 버리렴. 괴물은 가버렸어. 녀석은 달아났고 아빠가 여기 있단다. 예쁜 아가야. 잠들기 전에 작은 기도를 하렴. 매일 매일 모든 것이 차차 나아질 거야. 예쁜 아가야. 저 대양 위를 한없이 항해하면서 나는 네가 어른이 되는 걸 보고 싶구나. 하지만 우리 둘 다 더 참고 기다려야 겠지. 가야 할 길이 멀거든. 아주 힘든 길이야. 그래 가야 할 길이 멀어. 하지만 그때까지는 길을 건너기 전에 아빠 손을 잡으렴. 살면서 어떤 일이 닥칠지 모른단다. 예쁜 아가야, 사랑스런 션.

이 같은 자식에 대한 차별에 관해 존 레논은 다음과 같이 말했다. "서구 사회 사람들 중 90퍼센트는 토요일 밤에 술 한 잔 먹고 생긴 자식들이다. 계획없이 어쩌다가 생긴 자식들이 라는 뜻이다. 난 계획적으로 태어난 사람을 거의 본 적이 없 다. 우리들은 모두 토요일 밤의 특집인 셈이다. 나도 그렇고, 다른 사람들과 마찬가지로 줄리언도 그렇게 태어났다. 그러나 션은 계획하고 낳은 아이였다. 바로 거기에 차이가 있다. 그렇 다고 줄리언을 덜 사랑한다는 것은 결코 아니다. 여전히 줄리 언은 내 아들이다. 앞으로도 영원히 그럴 것이다" 가족을 중 시하는 동양적인 관점에서는 상당히 이해하긴 힘든 부분이다.

요코 역시 딸 교코에게 무관심하기는 마찬가지였다. 그녀는 자신의 전위적인 예술 세계와 존 레논과의 사랑에만 관심을 가졌을 뿐 교코의 양육 문제는 전적으로 전(前) 남편이었던 앤 소니 콕스의 일이었다. 훗날 요코는 교코를 직접 키우기 위해 법정 소송을 벌이기도 하지만, 이미 한 발 늦은 뒤였다. 교코 는 아버지만을 따를 뿐 어머니 요코와는 왕래조차 하지 않았 다. "난 교코가 다섯 살 때 그 애와 헤어졌다. 난 좀 특별한

엄마였다. 내가 교코를 득별히 돌봐준 적은 없지만, 그 애는 항상 나와 함께 있다" 이런 요코의 언급 또한 일반적인 상식으로는 납득하기 어렵다. 정말 모든 면에서 존 레논과 오노 요코는 '온도'가 맞았다.

누구도 그들을 막을 순 없다

어느 누구도 그들의 사랑을 막을 순 없었다. 가족들은 물론이고 비틀스 멤버, 언론, 전세계 음악 팬 등 아무도 그들의 사랑을 갈라놓지는 못했다. 존 레논은 비틀스 시절부터 오노 요코에 대한 사랑을 노래로 표현했다. 1969년에 발표한 곡 「Don't Let Me Down」에서는 "나는 난생 처음 사랑에 빠졌어. 이 마음이 오래 갈 것이라는 걸 넌 모를 거야. 이건 영원한 사랑이야. 과거 시제가 없는 사랑이지"라며 요코와의 사랑이 영원할 것임을 노래했고, 불멸의 명반 『White』 앨범에 수록된 「Happiness Is a Warm Gun」에서는 "내가 두 팔로 그대를 꼭 껴안을 때면 내 손가락이 그대의 방아쇠에 닿아있다는 걸 느껴요"라고 노래하며 요코를 '수녀원장(Mother Superior)'으로 지칭했다.

이 뿐이 아니다. 어머니에 대해 노래하고 있는 「Julia」에서는 "바다의 아이가 날 부르지"라며 요코를 묘사하고 있다. 요코는 일본어로 '바다의 아이'를 뜻한다. 그리고 1969년에 발표한 앨범 『The Ballad Of John & Yoko』는 타이틀에서부터 잘 드러나듯 존과 요코의 첫 번째 합작품이었다. 이 같은 존 레논의 변심에 대해 폴 매카트니는 1970년에 발표된 앨범 『Let It Be』에 수록된 「Get Back」을 통해 '컴백 홈'을 외쳤지만 허사였다.

　　조조는 자신이 외로운 사람이라 생각했어. 하지만 오래가
　　지는 않을 거라는 것을 알았지. 조조는 애리조나의 집을 떠
　　나 캘리포니아의 초원으로 향했어. 돌아와, 돌아와. 네가 있
　　던 자리로 돌아와.

　　그렇다면 존 레논은 왜 보통의 팝스타들처럼 늘씬한 젊은 미녀가 아닌 무려 일곱 살이나 많은 평범한 외모의 동양 여자에게 빠져들게 됐을까? 그것은 존 레논의 성장 배경과 밀접한 관련이 있다. 1940년 10월 9일 영국 리버풀의 노동계급 가정에서 태어난 존 레논은 일찍이 어머니를 여의고, 아버지로부터 버림받아 어린 시절을 이모 미미의 집에서 자라야만 했다. 때문에 정상적인 가정생활에서 자연스레 받아들이게 되는 아버지의 역할을 경험해보지 못하고, 여성들에게 의존적인 성향을 보여온 것이다. 또한 아버지가 자신을 내팽개칠 정도로 불우하고 가난한 가정 형편도 훗날 자본주의 사회의 문제점을 통렬히 비판하는 데 크게 작용한다.
　　이런 존 레논이 언제나 당당하고 자의식 강한 오노 요코에게 기대게 된 것은 당연했는지도 모른다. 1933년 2월 18일 일

본 도쿄에서 태어난 오노 요코는 일본의 유명한 은행가 집안의 딸로 태어나 풍족한 유년 시절을 보냈다. 20대에 아버지의 일 관계로 함께 미국 뉴욕으로 건너간 요코는 자유분방한 뉴욕의 예술 세계에 빠져들게 되면서 전통적으로 내려오는 기존 체제를 거부하기 시작했다. 그리고 진보적 예술가 단체인 플럭서스의 일원으로서, 전위 음악가로서, 페미니스트로서 활동하며 과거에는 찾아볼 수 없었던 여성상을 제시했다. 가난했던 리버풀 소년에서 세계적인 팝스타로 성장한 존 레논과 유복한 가문의 딸에서 독립심 강한 예술가로 거듭난 오노 요코의 결합은 누군가 말했던 것처럼 신(神)이 맺어준 것이다.

「Imagine」, 사랑과 평화

1969년 3월 26일 존 레논과 오노 요코는 결혼식을 올렸다. 이듬해인 1970년 비틀스는 역사 속으로 사라졌고 동시에 존은 요코의 도움을 받아 자유인이 되었다. 세상의 부조리에 맞서는 투사가 되어 그는 아내와 역할을 맞바꿔 육아와 가정 살림을 책임지는 혁명적인 페미니스트로 변신했으며, 비틀스 시절과는 전혀 다른 음악들을 내놓은 솔로 가수가 되었다.

그 첫 시작은 신혼 여행지인 네덜란드의 암스테르담 힐튼 호텔에서 벌인 「베드 인 *Bed In*」 행사였다. 존과 요코는 1969년 3월 28일부터 일주일 동안 호텔의 침대에서 공개적으로 누워있겠다고 발표했다. 수많은 언론에서 취재 경쟁을 벌인 것은 당연한 일이었다. 모두들 존과 요코가 침대에서 무엇을 할까하는 관음증적인 생각에 사로잡혔다. 하지만 기대했던 것과 달리 아무 일도 일어나지 않았다. 부부는 침대에 누워 기자들에게 평화의 메시지만을 반복적으로 역설할 뿐이었다.

충격이었다. 아무도 예상치 못한 방식으로 베트남전에 대한 반대는 물론이고, 세계인들에게 사랑과 평화를 위한 메시지를 보낸 것이다. 그것은 일회성 해프닝이 아니었다. 1969년에는 "당신이 원한다면 전쟁은 끝난다"라는 문구가 담긴 플래카드를 전세계 주요 대도시에 내걸었고, 자루 속에 들어갔다 나갔다 하는 '배기즘(Bagism)'이라는 새로운 행위를 TV를 통해 선보이기도 했다. 그들은 배기즘은 평화를 추구하는 새로운 수단이라고 역설하며 "이것은 편견 없는 완전한 의사소통 수단이다"라고 정의했다.

존 레논과 오노 요코의 세상에 대한 적극적인 참여는 1971년 '제2의 고향' 미국 뉴욕으로 건너가면서 본격화되었다. 특히 요코로부터 절대적인 후원과 지지를 받은 존의 외침은 많은 이들에게 놀라움을 안겨주었다. 이때 미국은 1960년대 후반부터 불어닥친 월남전 문제와 공민권 투쟁 운동, 그리고 마틴 루터 킹 목사 암살 사건 등으로 인하여 각종 시위와 폭력으로 혼란스러운 상황이었다. 존은 비폭력과 평화를 꿈꾸던 히피(Hippie) 집단에서 등장한 과격 단체인 이피(Yippie)의 리더 제리 루빈, 애비 호프만과 손잡고 대정부 투쟁에 나섰다.

각종 행사의 연사로 참석한 것은 물론이고, 다양한 자선 콘서트에 잇따라 줄연하여 사회의 부조리와 모순의 타파를 부르 짖었다. 닉슨 행정부가 그를 눈엣가시처럼 여긴 것은 어쩌면 당연한 일이었다. 이때부터 닉슨 정부는 FBI를 통해 존 레논을 감시하기 시작했고, 영국에서의 마약 복용 문제를 거론하며 미국 추방을 논의하는 등 '게릴라' 존 레논을 보통 사람처럼 만들기 위해 부단히 물밑작업을 벌였다.

하지만 존 레논의 행동하는 양심은 누구도 막질 못했다. 1972년 6월 워터게이트 사건이 터지자 존은 더욱 더 거세게 미 공화당 정부를 압박해나갔다. "아무도 나를 막지 못할 것이다. 내가 여기 있든 혹은 어디에 있든 나의 생각은 변함이 없다. 나는 생각하고 있는 바를 거리낌 없이 말할 것이다"

그러나 존은 외적으로 보이는 투사적인 행동과 달리 심적으로는 매우 지쳐있었다. 끊임없는 미국 정부의 감시와 탄압, 그리고 원하지 않던 닉슨의 대통령 재선은 존 레논을 낙담하게 만들기에 충분했다. 이런 여러 가지 상황들은 존과 요코의 사이까지 갈라놓았고, 결국 이들은 1973년 10월부터 1975년 1월까지 별거에 들어갔다. 뉴욕을 떠나 캘리포니아로 간 레논은 폐인이나 다름없는 생활을 하며 하루하루를 보냈다. 술에 취해 난동을 일삼았고, 상실감에 빠져 발작을 일으키기도 했다. 존은 후일 이 시기를 '잃어버린 주말(lost weekend)'이라 불렀다.

공황 상태에 빠져있는 존에게 구원의 손길을 내민 것은 요코였다. 둘은 다시금 하나가 되었다. 이후 아들 션이 태어났고,

존과 요코는 역할 바꾸기를 통해 세상을 다시 한번 놀라게 했다. 존은 음악 활동을 포함한 모든 대외적인 일을 중단하고 집에 머물며 션의 양육을 책임졌고, 요코는 비틀스 관련 업무를 포함한 비즈니스에 몰두했다. 페미니스트였던 요코의 부탁을 존이 흔쾌히 수락한 것이다. 1960년대에 싹트기 시작한 페미니즘은 1970년대 초반 지식인들을 중심으로 공감대를 형성하기 시작했는데, 존과 요코 부부가 확실한 방점을 찍었다고 할 수 있다.

음악에서도 존 레논은 오노 요코의 전위적인 예술 세계의 영향을 받아 비틀스 시절과는 전혀 다른 면모를 보였다. 요코를 테마로 만든 「Love」 「Oh My Love」 같은 곡들을 통해 폴 매카트니 못지않은 멜로디 메이커의 소유자임을 증명하기도 했고, 「Mother」 「God」 「Well, Well, Well」 등을 통해서는 파괴적이고 신선한 음악 미학을 드러내기도 했다. 그러나 그 이면에 흐르고 있는 메시지는 모두 동일했다. 사랑과 평화에 대한 보고서였으며, 세상의 부조리에 대한 통렬한 고발장이었다.

당시 가장 대표적인 노래가 불후의 명곡 「Imagine」이다. 언제 들어도 감동적인 이 곡은 바로 오노 요코의 1960년대 초반 저서 『그레이프프루트 *Grapefruit*』로부터 영감을 얻어 만들어진 노래이다. 요코는 2003년 「Yes Yoko Ono」 전시회를 위해 내한하여 가진 기자 회견에서 "존과 나는 둘 다 아티스트이고, 서로에게 관심이 많았다. 그래서 우리가 서로 상상하는 것을 교류하여 담았다. 그리고 그레이프프루트는 내가 좋아하는 과

일이었는데, 그것은 오렌지와 레몬이 접목된 과일이라고 할 수 있다"며 「Imagine」의 탄생 배경을 설명했다.

또한 1972년도 앨범 『Sometime In New York City』에 수록된 「여성은 세계의 노예 *Woman Is The Nigger of the World*」라는 섬뜩한 제목의 노래는 요코의 헌신적인 세례를 받은 '페미니스트' 존 레논의 진가가 확인되는 작품이었다. 레논은 이 곡을 통해 가부장제도와 여성 차별에 대해 직격탄을 날렸다. 팝 음악 최초로 여성 해방 운동을 정면으로 다룬 곡이라는 게 정설이다.

우린 여성더러 가정만이 그녀가 있어야 할 곳이라고 말하지. 그리곤 그녀가 친구가 되기엔 너무 세상 물정을 모른다고 하는 거야. 그녀가 하인이 되어주지 않으면 우릴 사랑한 게 아니라고 하거든. 여성은 노예 중의 노예야.

존과 요코의 발라드

1980년 12월 8일, 존 레논은 5년만의 컴백 앨범 『Double Fantasy』를 세상에 내놓은 직후 마이크 채프먼이라는 남성이 쏜 총에 맞아 삶을 마감했다. 그 광경을 목격한 아내 오노 요코는 애통하게 울부짖었다. 15년 동안 펼쳐졌던 존과 요코의 드라마틱한 사랑 또한 그렇게 막을 내렸다. 레논이 요코의 도움을 받아 만든 마지막 음반 『Double Fantasy』는 바로 그런 비극을 예고하기라도 하듯 존과 요코가 서로 다정하게 키스하는 재킷에서부터 한 편의 러브스토리였다. 아내 요코와 아들 션에 대한 사랑이 곳곳에서 묻어나는 작품이었다.

하지만 존 레논의 현실 복귀를 오랫동안 기다렸던 많은 이들은 너무나 밋밋한 주제와 음악 스타일에 이제 존 레논도 한물갔다며 평가절하하기도 했다. 그러나 이는 존 레논의 궁극적인 지향점이 '사랑과 평화'라는 것을 모르고 하는 소리이다. 존 레논은 요코를 만나면서 언제나 한 가지 목표만을 위해 걸어왔다. 그것이 때로는 과격하고, 투쟁적이었고, 때로는 부드럽고 포근했을 뿐이었지, 언제나 같은 주제였다. 가정과 사회라는 울타리 또한 같은 마음으로 부둥켜안았고, 보듬었다. 때문에 새로운 출발은 사랑스런 요코와 함께 하는 것이 당연했을 것이다. 유작 앨범의 첫 곡은 그래서 「새 출발하듯 *Just Like Starting Over*」이다.

매일 우린 사랑을 나누곤 했지. 왜 우리 둘은 멋지고 편하게 사랑을 나누지 못할까. 이제 우리들의 날개를 펴고 훨훨 날아가야 할 때야. 또 하루가 우리 사랑을 비껴가지 않도록. 마치 새출발하는 것처럼 말이야.

하지만 존 레논과 오노 요코는 새출발을 하지 못했다. 출발과 동시에 이별을 맞이해야만 했다. 그러나 세기의 러브스토리는 아직 결말을 맺지 않았다. 그들이 일궈놓은 음악과 미술

작품 등을 통해 여전히 현재 진행형이다. 많은 사람들이 스타 커플의 예술 세계를 조명하고 있고, 세기의 로맨스를 탐구하고 있다. 그것은 이들의 이야기가 단순한 남녀간의 사랑이야기가 아닌 1960년대와 1970년대의 미국과 영국의 정치, 사회, 문화를 관통하고 있기 때문이다. 그만큼 존 레논과 오노 요코의 만남은 지구촌을 진동시켰다. 존과 요코의 발라드는 아직도 그렇게 울려 퍼지고 있다.

조지 해리슨(George Harrison) & 에릭 클랩튼
(Eric Clapton) & 패티 보이드(Patti Boyd)

아름다운 노래로 승화된 세기의 삼각관계

전설적인 사랑의 트라이앵글

가장 보편적이고 이상적인 사랑은 한 남자와 한 여자의 사랑이다. 남녀가 만나 서로의 가슴속에 존재하며 하나가 되어 운명처럼, 필연처럼 함께 사는 것이 대부분의 사람들이 꿈꾸는 사랑의 모습일 것이다. 하지만 여기에 한 사람의 이방인이 불쑥 끼어들면 상황은 달라진다. 흔히 삼각관계라 불리는 이 사랑의 트라이앵글은 당사자들 모두에게 슬픔과 충격, 고통을 안겨준다.

특히 긴장감 넘치는 팽팽한 줄다리기를 하다 끈을 놓쳐버리고 사랑의 쓴잔을 마신 사람은 커다란 절망과 상실감을 느

끼게 된다. 우리는 이런 사랑과 슬픔의 볼레로를 드라마, 영화, 소설, 그리고 주변에서 돌고 도는 이야기를 통해 쉽게 보고 듣는다. 이 같은 러브스토리는 당사자들에게는 매우 심각하고 평생 짊어지고 가야할 짐이 되기도 하지만, 보는 이들에게는 짜릿함과 아슬아슬함 같은 미묘한 쾌감을 선사해준다.

팝 음악 역사 속에는 아직도 음악 팬들에게 회자되는 전설의 삼각관계가 있다. 바로 영국 런던 출신의 미녀 모델 패티 보이드를 놓고 벌였던 조지 해리슨과 에릭 클랩튼의 한 판 승부가 그것이다. 1964년 시작되어 1989년에 막을 내린 그들의 운명적인 스토리는 영화 속 이야기보다 훨씬 드라마틱하고 흥미진진하게 진행되며, 손에 땀을 쥐게 만들었다.

한 여자를 사이에 둔 조지 해리슨과 에릭 클랩튼의 사랑싸움이 지금도 많은 이들에게 흥미를 유발시키고 있는 것은 단순히 개인적인 이야기로 끝난 게 아니라 노래에 담겨 전세계에 울려 퍼졌기 때문이다. 패티 보이드와의 사랑이 충만함을 만방에 알린 조지 해리슨의 러브송「Something」, 패티에게 차여 비탄에 빠진 마음을 구슬프게 노래한 에릭 클랩튼의 비가(悲歌)「Layla」, 그리고 결국에는 사랑을 쟁취하게 된 기쁨을 표현한 에릭 클랩튼의 로맨틱 송「Wonderful Tonight」등은 불멸의 명곡으로 자리를 잡으며 대중들의 심금을 울렸다.

그래서 호사가들은 노래를 만들지도 부르지도 못했던 패티 보이드를 '음악의 여신' 뮤즈(Muse)에 비유하고 있고, 뮤즈가 음악 경연의 심판을 봤던 아폴론과 마르시아스의 대결을 친한 친구 사이였지만 연적(戀敵)이기도 했던 조지 해리슨과 에릭 클랩튼의 그것에 빗대곤 한다. 그들의 상황이 뮤즈를 앞에 두고 누가 음악 실력이 더 뛰어난 가를 겨뤘던 신화 속의 장면과 매우 흡사하기 때문이다.

조지 해리슨과 패티 보이드의 사랑

조지 해리슨과 패티 보이드의 만남은 1964년으로 거슬러 올라간다. 패티 보이드가 비틀스의 첫 영화 「A Hard Day's Night」의 촬영장에 단역으로 출연하기 위해 나타나면서부터였다. 당시 조지 해리슨은 그룹을 주도적으로 이끌었던 존 레논과 폴 매카트니, 그리고 사적(私的)인 흡입력이 강했던 링고 스타에 비해 주목을 받지는 못했지만, 성실함과 정직함으로 인하여 비틀 마니아들로부터 꾸준한 사랑을 받았다. '조용한 비틀', '정직한 비틀'이라는 그의 별명에서 그의 성품을 잘 알수 있다. 1943년 2월 25일 영국 리버풀에서 가난한 노동자의 아들로 태어나 오로지 음악만을 위해 청춘을 바친 그였기에 패티 보이드를 만나기 전까지 연애에 대해서는 숙맥이나 다름 없었다.

반면 연예계 지망생이었던 패티 보이드는 조지 해리슨과 정반대였다. 1945년 3월 17일 영국의 햄스테드에서 태어난 패티는 예쁜 얼굴과 잘 빠진 몸매로 1962년부터 화려한 삶을 동경하며 모델 일을 시작했다. 그녀는 미국 뉴욕과 프랑스 파리 등지를 오가며 모델 활동을 펼치면서 많은 연예계 관계자들과 교분을 쌓게 되었고, 비틀스의 영화 촬영장에 모습을 드러낸 것도 '만인의 연인' 비틀스의 작품에 함께 출연하여 연기자로서 성공할 기회를 잡기 위해서였다. 또한 그녀는 순진한 총각 조지 해리슨과 달리 남자 경험이 풍부한 연애 박사였다. 조지 해리슨을 처음 만났을 때에도 이미 에릭 스웨인이라는 서른 살의 사진작가 남자친구가 있었다.

패티 보이드가 영화 촬영장에서 조지 해리슨에게 다가가 사인을 요청하면서 둘의 관계는 본격적으로 시작되었다. 아니 조지의 일방적인 구애라고 하는 편이 나을 듯싶다. 조지는 패티의 빼어난 미모와 생기발랄한 모습을 보고 첫 눈에 반해 즉석에서 데이트를 신청했다. 후일 조지 해리슨은 패티의 첫 인상에 대해 "프랑스 여배우 브리짓트 바르도(Brigitte Bardot)에 비견될 정도로 섹시함과 도도함을 두루 갖추고 있었다"고 회상했다. 이와 달리 패티 보이드는 조지의 첫 인상에 대해 "그는 거의 인사를 하지 않았다. 하지만 촬영을 시작하면서, 그가 나를 바라보는 시선이 심상치 않음을 느꼈다. 그 모습에 나는 약간 당황했다"며 조지의 일방통행이 부담스러웠음을 토로했다.

하지만 세계적인 그룹으로 최고의 인기를 누리고 있는 비틀스의 멤버와 데이트를 한다는 것만으로도 큰 영광이라 생각한 패티는 조지의 데이트 신청을 받아들였고, 둘은 몇 차례의 비밀 데이트를 통해 차츰 가까워지게 된다. 그리고 곧바로 패티는 남자친구였던 에릭 스웨인에게 결별을 통보하였다. 이후 언론을 통해 조지 해리슨과 패티 보이드의 열애 사실은 톱뉴스로 보도되었고, 패티는 비틀스를 따라 하와이, LA 등으로 다니며 조지와 뜨거운 관계임을 과시했다. 당시 멤버들 중 유일한 유부남이었던 존 레논의 첫 번째 아내 신시아가 가정적이며 대중 앞에 모습을 잘 드러내지 않은 스타일이었던데 반해, 패티는 모델 출신답게 자신의 매력을 대중들에게 맘껏 뽐내려는 경향이 있었다. 그러나 '조용한 비틀' 조지는 자신의 여자 친구가 언론에 노출되는 것을 꺼려해서 기자들 앞에서 패티를 "나의 29살 누이이자 나의 보호자"라고 거짓 소개하기도 했다.

허나 둘의 관계가 깊어 가면서 문제는 예상치 못한 곳에서 터졌다. 바로 패티가 소녀 팬들의 집중 공격을 받은 것이다. 극성팬들은 패티가 외출을 할 때면 기가 막히게 장소를 알아내고 찾아가 조지와 헤어지지 않으면 가만두지 않겠다고 소리치기 일쑤였다. 그러나 조지에게는 팬들보다는 사랑하는 패티가 우선이었다. 조지는 소녀 팬들이 패티를 비난할 때면 앞으로 나아가 팬들에게 그만 둘 것을 강한 어조로 부탁하곤 했다. 조지가 패티를 얼마나 사랑했었는지를 확인할 수 있는 장면이다. 이런 조지의 기사도 정신에 감명받은 패티는 1964년 성탄절에 조지의 프러포즈를 받아들였고, 이듬해인 1965년 1월 21일 둘은 결혼식을 올렸다.

결혼 이후 둘은 행복한 나날을 보냈다. 조지 해리슨은 비틀스의 일원으로 20세기 팝 음악의 역사를 계속 바꿔나갔으며,

패티 보이드는 유명 패션 잡지의 표지 모델로 활동하며 자신의 끼를 마음껏 발산했다. 조지는 패티에 대한 절대적인 사랑을 노래로도 표현했다. 바로 비틀스의 1969년도 앨범 『Abbey Road』에 수록된 「Something」이 그것이다. 이 노래로 조지 해리슨은 존 레논, 폴 매카트니에 비해 작곡 실력이 뒤쳐진다는 세간의 평가를 완전히 뒤집으며 최고의 작곡가로 거듭났다.

그녀의 움직임에는 다른 여자들에게는 없는 무언가가 있어 나를 끌어당기죠. 나에게 사랑을 구하는 방법이 남달라요. 이제 그녀를 떠나고 싶지 않아요. 난 그녀를 믿어요. 그녀의 미소를 보니 그녀도 이미 알고 있네요. 나에게 다른 여자는 필요 없다는 것을. 나에게 보이는 그녀의 방식에는 남다른 무언가가 있어요. 당신은 내 사랑이 점점 커지는가 내게 물었죠. 모르겠어요. 내 곁에 머무르다보면 알게 되겠지만 난 모르겠어요.

노랫말에 패티를 향한 조지의 따뜻한 사랑이 넘쳐흐른다. 미국의 전설적인 팝 가수 프랭크 시나트라(Frank Sinatra)는 「Something」을 20세기의 가장 위대한 러브송이라고 극찬을 하기도 했다. 사랑의 힘이 만든 위대한 결과물이다.

친구의 친구를 사랑했네

조지 해리슨과 패티 보이드의 달콤한 결혼 생활은 그리 오래가지 못했다. 조지의 인도에 대한 사랑 때문이었다. 잘 알려진 대로 조지 해리슨은 비틀스 시절에 인도 사상과 종교에 심취했었다. 음악적으로도 인도에 경도되어 인도 벵갈의 시타르(Sitar) 달인인 라비 샹카(Ravi Shankar)와 교분을 가졌으며, 실제로 비틀스의 노래인 「Norwegian Wood」「Within You Without You」에서 직접 시타르를 연주하기도 했다. 문제는 조지가 동양의 보석 인도에 빠지면서 아내 패티를 등한시하게 된 것이다.

하지만 아이러니컬하게도 인도의 신비스러운 세계로 조지를 안내한 것은 다른 누구도 아닌 패티 자신이었다. 결혼 초기 패티는 모델로 활동하면서 런던의 자유분방한 패션계 인사들과 잦은 교류를 하며 지냈는데, 그 안에서 신종 마약이었던 LSD를 접하며 약물의 수렁에 빠져들게 되었다. 방탕한 생활에서 벗어나길 원했던 패티는 한 친구의 권유로 서구 사회에 요가를 전했던 인도의 명상가 마하리시 마헤쉬 요기(Maharishi Mahesh Yogi)의 이야기를 듣기 시작하였고, 그의 이야기에 깊은 감명을 받은 패티는 조지를 마하리시 마헤쉬 요기에게 소개하였다. 그리고 함께 인도여행을 다녀오는 등 인도의 사상과 문화 등에 큰 관심을 나타냈다.

그러나 약물 치료를 위해 인도의 사상을 접한 패티와 달리 조지는 아내를 잊어버릴 정도로 인도에 심취했다. 훗날 패티는 조지에게 마하리시 마헤쉬 요기를 만나도록 한 것을 가장 크게 후회했다고 말한바 있다. 허나 이미 엎질러진 물이었다. 결국 패티는 남편 조지의 마음을 돌릴 방법을 강구해야만 했다. 그녀가 찾아낸 해결책은 바로 질투심 유발 작전이었다. 그녀는 주변에서 조지의 질투를 유도할 만한 남자를 찾았고, 그 물망에 걸려든 사람이 바로 에릭 클랩튼이었다. 그는 조지의 절친한 친구이자, 1968년 비틀스의 『화이트』 앨범에 수록된 조지의 곡 「While My Guitar Gently Weeps」에서 직접 기타를 쳐줄 정도로 각별한 음악 동료였다. 그만큼 조지의 마음을 돌려놓기에 가장 안성맞춤인 남자였던 것이다.

유부녀 패티의 의도적인 눈길을 받은 순진한 총각 에릭 클랩튼이 사랑의 포로가 된 것은 당연지사였다. 그동안 음악밖에 몰랐던 에릭은 패티의 접근이 진실인줄 알고, 온 마음을 다 바쳤다. 하지만 패티와 절친한 친구의 미묘한 관계를 눈치챈 조지는 급히 아내의 품으로 돌아와 안겼고, 에릭은 보기 좋게 차였다. 이에 충격을 받은 에릭은 패티를 찾아가 목숨을 건 세레나데를 외쳤지만 허사였다.

패티는 그때의 상황을 다음과 같이 회상했다. "에릭이 주머니에서 헤로인을 꺼내 보여주며 말했어요. '만약 당신이 나를 떠나간다면 나는 이것을 먹을 거야'라고 말이죠. 간담이 서늘해 졌어요. 그래서 나는 그것을 빼앗아 밖으로 던져 버리려고 했지만, 그가 다시 낚아챘어요. 나는 처음으로 양심의 가책을 느꼈죠. 하지만 모든 것을 내 탓으로 돌리는 바보같은 에릭 때문에 화도 났죠" 정말 음악밖에 몰랐던 순수한 청년 에릭의 맹목적인 사랑과 남자 다루는데 선수였던 패티의 이기심이 잘 드러나는 순간이 아닐 수 없다.

실의에 빠진 에릭 클랩튼은 술과 마약의 구렁텅이로 빠져 들었다. 그리고 이런 사랑에 대한 좌절감과 패배감은 1970년 11월에 발표된 데릭 앤 더 도미노스(Derek And The Dominos) 의 마스터피스 『Layla & Other Assorted Love Songs』에 고스 란히 담겨졌다. 『레일라와 그 밖의 조화된 사랑 노래들』이라 는 음반 제목에서 알 수 있듯 에릭은 앨범 전체에서 패티 보 이드에게 실연 당한 고통과 아픔을 모두 토해냈다. 「여인을 사랑해 본 경험이 있나요 *Have You Ever Loved A Woman*」「네가 실의에 빠졌을 때 아무도 너를 알지 못한다 *Nobody Knows You When You're Down And Out*」「헛된 사랑 *Love Is Vain*」 같은 노 래 제목에서부터 그 마음은 쓰리고 애절하다. 특히 패티 보이 드를 페르시아 신화에 나오는 미모의 여성에 빗대어 부른 노 래 「Layla」에서의 에릭 클랩튼의 기타 연주와 노래는 고통 그 자체였다.

　당신이 외로울 때 아무도 곁에서 지켜주지 않으면 어떻 게 할건가요. 당신은 너무 오랫동안 도망치며 숨어있었어요. 그건 바보 같은 자존심일 뿐이에요. 레일라, 당신에게 애원 해요. 근심에 찬 내 마음을 달래 주지 않을 건가요. 당신이 남편에게 실망했을 때 위로해주려고 했어요. 바보처럼 나는 당신과 사랑에 빠져버렸죠. 레일라, 당신은 나를 무릎 꿇게 만들었어요. 레일라, 당신께 애원해요. 근심에 찬 내 마음을 달래 주지 않을 건가요.

「Layla」의 구구절절한 가사처럼 에릭 클랩튼의 상처받은 마음은 노래 전체에 용광로처럼 녹아들었다. 고통스런 자신의 내면을 스스로 바닥까지 긁어내어, 그 고통을 음악으로 걸러 냈다. 그의 노래는 '처절한 내면의 사생화'다. 명곡의 탄생 배경에는 이처럼 말로 다 표현하기 힘든 아티스트의 처절한 삶의 기록이 새겨져 있다.

사랑과 우정 사이

실연의 파장은 매우 컸다. 에릭 클랩튼은 감정적으로 매우 불안정한 상태였으며, 알코올과 약물 중독으로 인하여 병원과 요양원을 들락거려야만 했다. 그는 기타조차 잡을 수 없을 정도로 망가졌다. 절망의 늪에서 허우적대고 있던 그에게 구세주가 찾아왔다. 바로 그룹 후(The Who)의 피트 타운센드(Pete Townshend)였다. 피트는 이미 1960년대 후반 미국에서 찬밥취급을 받던 지미 헨드릭스를 영국으로 데려와 음악계에 데뷔시키는 등 '선행'을 벌여왔다. 피트는 클랩튼에게 마약에서 벗어날 것을 권유했고, 1973년 에릭 클랩튼을 위한 레인보우 콘서트를 주최해 재기의 무대를 마련해줬다. 클랩튼은 데릭 앤 도미노스 이후 3년 만에 대중 앞에 모습을 드러냈다. 당시 피트는 에릭 클랩튼이 정신을 못 차리자 하와이안 기타로 머리를 때리기까지 했다고 한다.

기력을 회복한 에릭 클랩튼은 1년 뒤 재기 작품 『461 Ocean

Boulevard』를 내놓았다. 앨범이 출시되기까지는 피트 타운센드와 함께 RSO 레이블의 사장인 로버트 스틱우드(Robert Stigwood)의 도움이 컸다. 그는 폐인이 된 클랩튼을 위해 요양장소로 플로리다에 있는 자신의 별장을 선뜻 내주며 재기의 기틀을 마련케 했다. 클랩튼도 스틱우드의 호의에 고개 숙여 감사하며 다시 기타를 집어들었다. 스틱우드의 별장주소가 바로 이 앨범의 타이틀이다. 스틱우드에 대한 감사의 표시인 것이다. 수록곡 중 TV 드라마 「서울의 달」에 삽입되어 국내에서 크게 히트한 「내게 힘을 주소서 *Give Me Strength*」는 바로 '신(神)'에게 의지하여 갱생의 과정을 겪고 있는 에릭 자신의 모습을 담은 곡이었다.

두드리면 열린다고 했던가. 에릭의 간절한 목소리를 신도 들었는지 1974년부터 조지 해리슨과 패티 보이드 부부 사이가 다시 삐걱거리기 시작했다. 이번에도 역시 조지가 원인이었다. 이유가 인도가 아닌 경주용 차로 바뀌었을 뿐이었다. 조지는 패티와 데이트를 즐길 때에도 경주용 차로 드라이브를 할 정도로 스피드 광으로 유명하다. 조지가 경주용 차에 지나치게 몰두한 나머지 또다시 패티에게 무관심하게 대했던 것이 문제였다. 또한 1974년 미국 투어 도중 만난 여인 올리비아 트리니다드 아리아스(Olivia Trinidad Arias)에게 호감을 가지게 된 것도 불화의 씨앗이었다.

그 광경을 지켜보던 에릭 클랩튼은 절친한 친구 조지 해리슨과 담판을 짓기로 결심했다. 어느 날 밤, 에릭은 조지를 찾아가 다음과 같이 말했다. "나는 네 아내와 사랑에 빠졌다" 이에 대한 조지의 대답. "좋다. 그녀를 가져. 나는 너의 여자 친구를 가질게" 비록 조지는 그 순간에는 에릭의 요구를 거절했지만, 자신이 처한 상황을 잘 알고 있었다. 고민 끝에 조지는 친구를 위해 패티에게서 떠나기로 결정했다.

결국 조지 해리슨과 패티 보이드는 1977년 6월 9일 정식으로 이혼했다. 그리고 1978년 조지는 올리비아 트리니다드 아리아스를 두 번째 아내로 맞아들였고, 1년 뒤인 1979년 에릭 클랩튼은 꿈에 그리던 여인 패티 보이드와 결혼식을 올렸다. 에릭 클랩튼은 패티 보이드를 얻게 된 기쁨을 1977년 「Wonderful Tonight」이라는 멋진 발라드 곡에 실어 표현했다.

늦은 저녁이에요. 그녀는 무슨 옷을 골라 입을까 망설이고 있죠. 화장을 하고 금발의 긴 머리를 빗어 내리죠. 그리고 나서 나에게 물어보네요. "나 괜찮아 보여요?" 그래서 나는 대답했죠. "당신 오늘 밤 정말 아름다워" 우리는 파티에 갑니다. 모두들 내 옆에서 걷고 있는 이 아름다운 여인을 보기 위해 고개를 돌리죠. 그러자 그녀는 내게 물어보네요. "기분 괜찮아요?" 나는 대답했죠. "오늘 밤 정말 멋진 기분이야" 나는 정말 행복했어요. 그대 눈 속에서 사랑의 빛을 보았기 때문이죠.

에릭 클랩튼은 사랑과 우정사이에서 '사랑'을 선택했고, 조지 해리슨은 '우정'을 선택하면서 질풍처럼 달려온 세 사람의 사랑의 트라이앵글은 대단원의 막을 향해 나아가고 있었다.

러브스토리 그 후

지구촌 대중들의 모든 이목을 집중시켰던 세기의 러브스토리는 채 십 년을 넘기지 못했다. 에릭 클랩튼은 예의 주벽을 버리지 못했고, 패티 보이드 역시 남들 앞에 화려하게 보이는 데만 신경썼다. 게다가 패티에게는 아이를 낳지 못한다는 결정적인 약점이 있었다. 이런 상황에서 에릭 클랩튼은 1985년 이탈리아 투어 도중 만난 젊은 사진작가이자 배우였던 로리 델 산토(Lori Del Santo)와의 사이에서 아들 코너(Corner)를 낳았다. 그것으로 모든 것이 끝이었다. 에릭과 패티는 1989년 이혼 서류에 도장을 찍었다. 삼각관계의 종지부를 찍는 순간이었다.

그 후 세기를 뒤흔든 전설적인 사랑이야기의 주인공들이었던 조지 해리슨과 에릭 클랩튼, 그리고 패티 보이드는 각자의 길을 향해갔다. 올리비아 트리니다드 아리아스와 결혼 후 행복한 결혼 생활과 지속적인 음악 활동을 해가던 조지 해리슨은 2001년 11월 29일 미국 로스앤젤레스의 친구 집에서 부인과 외아들 다니(Dhani)가 지켜보는 가운데 후두암으로 사망했다. 향년 58세였다. 그리고 그는 한 줌의 재가 되어 마음의 안

식처였던 인도 갠지스강으로 돌아갔다. 에릭 클랩튼은 조지 해리슨이 세상을 떠나자 그를 위한 추모 콘서트를 기획하여 많은 이들에게 감동을 주기도 했다.

패티 보이드와 헤어진 뒤 에릭 클랩튼은 곧바로 끔찍한 비극을 맞아야만 했다. 아들 코너가 뉴욕 맨하탄의 아파트에서 실족사한 것이다. 클랩튼은 그러나 '예전처럼' 기타를 놓지는 않았다. 오히려 기타와 노래에 더욱 몰두했다. 음악만이 유일한 치료제라는 것을 이전 경험으로 깨달은 것이다. 그는 1992년 영화 「러쉬 *Rush*」의 사운드 트랙에 삽입된 노래 「Tears In Heaven」에 죽은 아들을 향한 애틋한 아버지의 마음을 실었다. MTV의 제안으로 그해 녹음된 앨범 『Unplugged』에서의 백미도 단연 이 곡이었다. 어쿠스틱 기타에 실린 애절한 멜로디와 노랫말은 많은 이들의 심금을 울렸다. 이듬해 그래미 시상식에서 에릭 클랩튼은 '올해의 앨범(Album Of The Year)', '올해의 레코드(Record Of The Year)', '올해의 노래(Song Of The Year)' 등 주요 부문을 포함하여 6개의 트로피를 받으며 최고의 아티스트로 인정을 받았다. 아직도 그의 블루스 음악 이야기는 현재진행형이다.

마지막으로 형제보다 친했던 친구들을 순식간에 연적으로 만들어놓은 패티 보이드는 1991년 에이즈와 마약 중독, 알코올 중독 환자들을 돕기 위한 자선 단체인 SHARP를 세우며 봉사 활동에 전념하고 있다.

사랑에는 희로애락(喜怒哀樂)이 담겨있다. 서로 좋아할 때의 기쁨, 배신당할 때의 노여움, 헤어질 때의 슬픔, 재회의 즐거움 등 사랑의 둥근 원 안에는 인간의 모든 감정들이 녹아있다. 조지 해리슨과 에릭 클랩튼은 패티 보이드라는 미모의 여인을 사이에 두고 불꽃튀는 사랑의 대결을 펼치며 사랑에 스며있는 모든 감정들을 노래로 만들어 세상에 울려 퍼지게 했다. 음악이 이 땅에서 사라지지 않는 한 그들의 전설적인 러브 스토리는 계속해서 사람들의 귓가에서 떠나지 않을 것이다. 진실한 사랑의 감정이 담겨져 있는 노래는 세계인의 공통된 주제어이기 때문이다.

시드 비셔스(Sid Vicious) & 낸시 스펑겐(Nancy Spungen)

아무도 말리지 못한 성난 펑크족 커플

펑크의 순교자들

1970년대 중반 영국에서 그 화려한 시작의 시그널을 울린 펑크는 분노의 음악이었고, 성난 눈으로 바라본 음악이었다. 또한 좌절과 허무의 외침이기도 했다. 대영제국의 위상을 만방에 알리던 해가 지지 않는 나라는 IMF를 맞이하며 젊은이들을 거리로 내몰았고, 그들의 꿈과 희망을 빼앗아갔다. 한순간에 거리로 내몰린 젊은이들은 자연스레 분노와 독을 품었다.

이런 상황에서 뛰어난 가창력과 연주력으로 무장한 엘리트 록은 귀에 들어오지도 않았다. 그들에게 엘리트 록은 사치일 뿐이었다. 그저 길거리에서 자신들의 울분을 터트릴 싸구려 기타와, 베이스, 드럼만 있으면 그만이었다. 노래를 못해도, 연주를 못해도 상관없었다. 세상에 불만이 있는 사람이라면 누구나 대환영이었다. 이것이 바로 펑크였다.

펑크를 최초로 쏟아낸 영국 출신의 그룹 섹스 피스톨즈(Sex Pistols)의 베이시스트 시드 비셔스와 그의 연인 낸시 스펑겐은 록 음악사에서 펑크 이미지를 가장 잘 구현해낸 커플로 평가받고 있다. 그들은 기성세대는 물론이고, 심지어 친구들까지도 끔찍하게 싫어할 정도로 알코올, 폭력, 마약과 섹스에 집착했다. 그들에게 정상적인 삶의 경계선이란 애초부터 없었다. 그들이 하는 행동이 바른 생활이었고, 모범 답안이었다. 남들이 어떻게 생각하는가는 중요하지 않았다.

세상은 그들을 버렸다. 아니 그들이 세상을 버렸을지도 모르겠다. 세상을 버림으로써 그들은 자신들만의 무릉도원을 만들어 2년 동안 뜨겁게 사랑하고, 결국에는 한 줌의 재가 되었다. 다른 사람들은 누구도 그렇게 하지 못했다. 엄두조차 내지 못했기 때문에 시드 비셔스와 낸시 스펑겐은 펑크의 오리지널리티(Originality)를 품고 떠나간 순교자 커플로 불린다. 시드 비셔스가 1978년 8월 영화 「Great Rock 'N' Roll Swindle」을 위해 프랑스 파리에서 부른 「My Way」는 그의 마지막 유언이나 다름없다.

자, 이제 나도 일선에서 활약할 시기도 끝나, 이제 종막을 바라보고 있어요. 친구여, 이제 명확하게 내 자신만이 아는 나의 인생기록을 말하겠어요. 난 인생의 온갖 고속도로를 다 밟았으며 그야말로 그 이상을 만끽했지요. 그게 내 길이었어요. 예, 물론 나에게도 고전의 시절이 있었고, 수습할 수 없는 난관에 봉착할 때도 있었죠. 그러나 이러한 힘겨운 순간에도 난 혼자 씹어 삼키며 소신껏 그것에 맞서 당당하게 일어섰지요. 그게 내 길이었어요.

비록 이 곡이 프랑스 샹송 「늘 그렇듯이 *Comme d'Habitude*」를 폴 앵카가 은퇴를 앞둔 프랭크 시내트라를 위해 새롭게 만든 작품이고, 펑크의 대척점에 서 있는 음악 장르 중 하나인 스탠더드 팝의 명곡이지만, 역설적이게도 세상과 맞서 싸워오다 스물한 살의 청춘에 생을 마감한 시드 비셔스에게 가장 잘 어울리는 곡이었다.

펑크의 시작과 끝

시드와 낸시의 만남과 이별은 마약복용의 시작과 끝이나 다름없었다. 그들이 자라 온 환경도 마찬가지였다. 1957년 5월 10일 런던에서 태어난 시드 비셔스는 마약을 즐기는 홀어머니 밑에서 자라며 모전자전이라는 말을 몸소 실천하였다. 그는 십대 시절 데이빗 보위, 록시 뮤직 등의 아티스트들이 입었던 것과 같은 화려하고 반짝이는 옷을 즐겨 입으며 술과 마약에 급속도로 빠져들었다.

1977년 친구였던 자니 로튼(Johnny Rotten)이 보컬로 있던 펑크 그룹 섹스 피스톨즈에 베이시스트로 뒤늦게 합류한 그는 음악보다는 마약, 술 등으로 인한 일련의 폭력사건으로 일약 펑크의 아이콘으로 떠올랐다.

공연 도중 맥주잔을 관객에게 던져 부상을 입히기도 하고, 유명 음악 저널리스트를 폭행하기도 하는 등 보통 사람들의 눈에 비친 시드 비셔스는 그야말로 난봉꾼 그 자체였다. 사실 시드는 섹스 피스톨즈에 들어오기 전에 몇몇 그룹에서 드럼을 연주하기도 했지만 그의 연주 실력은 거의 초보수준이었다. 섹스 피스톨즈에서 베이스 연주를 맡기는 했지만 그의 베이스 실력 역시 입문 단계에 불과했다. 펑크를 이 땅에 과감하게 내던진 섹스 피스톨즈의 1977년 기념비적인 명반 『Never Mind The Bollocks Here's The Sex Pistols』에 자신의 이름을 올려놓기는 했지만, 베이스는 거의 다른 사람이 연주를 했다.

시드가 음악에 대한 부분보다는 음악 외적인 면에 모든 것을 바칠 수 있었던 이유가 여기에 있다. 이 때문에 다른 펑크 뮤지션들보다 훨씬 더 펑크의 이미지에 적합한 인물로 꼽히고 있기도 하다. 여기에는 시드가 섹스 피스톨즈에 참여한 직후 만난 '못 말리는 악녀' 낸시의 부추김도 크게 작용했다.

1958년 2월 27일 미국 펜실베니아에서 태어난 낸시 스펑겐은 독실한 유대교의 중산층 집안 출신임에도 불구하고 "태어나면서부터 시한폭탄이나 다름없었다"는 그녀 어머니의 말처럼 아무도 못 말리는 말썽꾸러기였다. 십대 시절 뉴욕

돌스(The New York Dolls), 라몬스(The Ramones) 등과 같은 프로토 펑크(Proto Punk) 밴드들을 따라다니던 그루피였던 낸시는 자니 선더스 앤 더 하트브레이커스(Johnny Thunders And The Heartbreakers)가 영국으로 공연하러 간다는 소식을 듣고 함께 대서양을 건넜다. 그리고 런던에서 '못 말리는 악동' 시드 비셔스를 만나게 된다.

시드와 낸시는 처음 만난 날부터 마약을 복용하며 함께 밤을 지샜다. 미국에서부터 마약 중독자였던 낸시는 시드에게 계속 마약을 권했고, 섹스 피스톨즈를 따라다니며 시시콜콜 간섭했다. 시드를 제외한 섹스 피스톨즈의 멤버 모두가 낸시를 극도로 싫어했다. 낸시 때문에 시드가 나쁜 영향을 받을 것이라는 데 의심의 여지가 없었던 것이다. 당시 섹스 피스톨즈와 가깝게 지냈던 미국의 록 밴드 프리텐더스(Pretenders)의 리더 크리시 하인드(Chrissie Hynde)는 "낸시는 기회주의자였어요. 내가 그녀를 좋아했는지 싫어했는지는 말할 필요도 없지만, 그녀는 시드에게 필요치 않은 부정적인 영향을 주었죠"라고 말한 적이 있다. 하지만 시드는 "낸시를 제외하고는 한번도 다른 사람을 사랑해본 일이 없고, 그녀 없이는 살아갈 수조차 없다"고 공언했다.

시드에게서 낸시를 떼어내기 위한 밴드 멤버들의 노력은 007작전을 능가했다. 멤버들이 직접 나서서 낸시에게 미국행 비행기 표를 사주고 택시에 태워 보내는가 하면, 미국 투어에 따라오지 못하도록 하기 위해 어느 호텔에 묵고 있는지도 비밀에 부쳤다. 하지만 이런 멤버들의 노력도 시드를 만나기 위한 낸시의 집요함을 당해내지는 못했다. 시드와 낸시는 마약과 술에 취해 매번 사고를 치기 일쑤였고, 이는 밴드 활동에도 심각한 영향을 미쳤다. 그것은 펑크의 종착역이 얼마 남지 않았다는 것을 예고하는 것이기도 했다.

1978년 섹스 피스톨즈가 해체를 선언한 후, 시드는 낸시와 함께 미국 뉴욕으로 건너가 비셔스 화이트 키즈(The Vicious White Kids)라는 그룹을 결성하여 새 출발을 다짐했다. 그러나 그해 10월 12일 뉴욕의 첼시 호텔에서 낸시가 열아홉 살의 나이에 사냥칼에 찔려 숨진 채로 발견되면서 상황은 종말을 향해갔다. 신고를 했던 시드가 오히려 낸시의 살해범으로 몰려 경찰에 체포된 것이다. 감옥에 수감되어 있는 도중 시드는 몇 차례 자살을 시도했다. 그리고 이듬해인 1979년 2월 2일 미국인들이 성촉절(Groundhog Day) 행사로 들떠있을 때 시드는 마약 과다복용으로 생을 마감했다. 죽을 당시 그의 나이는 겨우 스물한 살이었다.

시드와 낸시는 외톨이였다. 주류 사회로부터 버림받은 그들은 펑크 음악 안에서 스스로 삶의 방향을 모색했고, 치열한 전투를 치러냈다. 술과 마약만이 그들의 동반자였다. 어느 누구도 그들에게 구원의 손길을 뻗치지 않았다. 그들 역시 남들에게 손을 벌리지 않았다. 누구나 할 수 있다는 'DIY(Do It Yourself)'태도가 몸에 배어있었다. 모두들 시드와 낸시를 싫어했지만, 두 연인은 서로를 너무도 사랑했다. 시드가 죽기 얼마

전에 낸시를 위해 쓴 시(時)에 이들의 사랑이 얼마나 깊었는지 잘 나타나있다.

당신은 나의 귀여운 소녀. 나는 너의 모든 불안을 함께 나눌 거야. 기쁨으로 너를 안고 너의 눈물을 키스로 지워줄 게. 그러나 지금 당신은 이 세상에 없어. 고통만이 있을 뿐이야. 난 아무것도 할 수가 없어. 난 당신 없는 세상에서 살길 원하지 않아. 나의 아름다운 소녀여. 우리의 사랑은 결코 죽지 않을 거야.

시드 비셔스와 낸시 스펑겐의 굵고 짧았던 로맨스의 종말과 함께 펑크도 막을 내렸다.

오지 오스본(Ozzy Osbourne)
& 샤론 오스본(Sharon Osbourne)

악마의 자식에서 따뜻한 가장으로

20세기 최고의 로큰롤 부부

21세기 초 대중 음악계에서 최고의 팝스타는 백인 래퍼 에미넴(Emenem)도, 섹시한 미녀 가수 브리트니 스피어스(Britney Spears)도 아니었다. 바로 쉰네 살의 한물간 로커 오지 오스본이었다. 현재 그가 살고 있는 베버리힐스 대저택에는 항상 수많은 팬들과 파파라치들이 북적대고 있고, 그의 얼굴을 본뜬 캐릭터 인형과 스티커, 티셔츠 등 관련 팬시 상품들이 불티나게 팔리고 있다. 세계 각국의 언론 매체에서도 그와 인터뷰를 하기 위해 줄을 서고 있다. 이로 인한 각종 소음 때문에 옆집에 살던 한 이웃은 이사를 가기 위해 집을 내놓았으나, 아직까지 새로운 주인을 찾지 못하고 있을 정도다.

인기와 관심도 면에서 오지 오스본의 현재 주가는 에미넴이나 브리트니 스피어스 같은 젊은 톱스타들 못지 않게 최고조에 달해있다. '오스본 열풍', '오스본 광풍'이라고 해도 과언이 아닐 정도의 열기다. 그는 2002년 여름, 백악관 출입기자단이 주최한 만찬에 초대되어 조지 부시 미국 대통령을 만나기도 했고, 그해 겨울 골든 쥬빌레 기념일에는 엘리자베스 영국 여왕을 비롯한, 영국의 왕족들과 인사를 나누기도 했다.

추억의 헤비메탈 가수로 인식되던 오지 오스본이 뉴 밀레니엄 시대의 도래와 함께 갑작스레 집중 조명을 받게 된 이유는 다름 아닌 2002년 3월부터 음악전문채널 MTV에서 방영된 다큐 드라마 「오스본 가족 *The Osbournes*」 덕분이다. 몰래 카메라 형식으로 진행되는 이 드라마는 오스본 가족의 일상을 여과없이 솔직하게 담아내면서 단숨에 600만 시청자들이 보는 최고의 인기 프로그램이 됐다. 이후 이 프로그램은 영국과 아일랜드, 호주에서도 방영되며 전세계 안방극장을 점령하기 시작했다.

사람들이 「오스본 가족」에게 매료된 이유는 오지 오스본의 전혀 예상치 못한 모습 때문이었다. 오지 오스본은 그동안 음악계에서 악명이 높았던 인물로 '헤비메탈은 사탄의 음악이라는 등식을 창조한 인물이기도 하다. 그는 1970년대 후반 영국의 전설적인 헤비메탈 그룹 블랙 사바스(Black Sabbath)의 보컬리스트로 활동을 시작하여, 현재까지 30년이 넘는 기간 동안 온갖 기행과 사건, 사고를 저지르며 학부모들이 가장 싫어하는 아티스트의 상위 리스트에 단골손님 역할을 하였다.

악마의 자식으로 대중들에게 각인되었던 그가 아내 말을 잘 듣는 착한 남편, 담배 피는 아들을 꾸짖는 엄한 아버지로서 TV 전파를 타며 시청자들을 놀라게 한 것이다. 사람들은 올해 쉰한 살인 그의 아내 샤론 오스본과 아들 잭(18), 그리고 두 딸인 켈리(17), 에이미(20)와 함께 살고 있는 오지 오스본의 집도 사람 냄새 풍기는 보통 가정과 다를 바 없다는 것을 발견했다. 특히 결장암에 걸려 투병 생활을 하고 있는 아내를 지극 정성으로 간호하며 "내 삶의 모든 것을 빚졌다"고 말하는 장면에서는 많은 이들이 눈시울을 적시기도 했다. 오지 오스본 하면 떠올리던 어두운 이미지가 완벽하게 걷히는 순간이었다. MTV를 통해 방영된 한 장면만 봐도 오스본 가족의 리얼리티를 맛볼 수 있다.

날씨 좋은 로스앤젤레스의 어느 날 오후. 베버리힐스 한 저택에서 괴상한 소리가 들려온다. 오스본 가족의 애완견인 불독 롤라가 낯선 사람을 보고 짖어대고 있다. 집 안에 들어가자 오지 오스본이 비틀스의 명곡 「Hey Jude」를 부르고 있다. 오지의 아들 잭은 정원에서 애완견이 걸려 넘어지는 것을 막기 위해 가지치기를 하고 있고, 그의 누이인 켈리는 속이 안 좋다고 불평을 하며 "트림을 해야할지 방귀를 뀌어야 할지 모르겠다"며 갈팡질팡하고 있다. 그리고 샤론 오스본은 가족들을 위해 청소를 하고 있다. 샤론의 뒤를 졸졸 따라다니던 오지는 아내의 쉰 번째 생일 선물로 30만 달러짜리 반지를 사주겠다는 계획을 놓고 그녀와 언쟁을 벌이기 시작했다.

대저택과 선물 비용만을 제외한다면 여느 가정에서나 일상적으로 일어날 수 있는 일이다. 그동안 기행으로 일관해오던 오지 오스본이 평범함을 추구하는 모습을 보면서 대중들은 그 역시 평범한 인간임을 느끼게 된다. 보통 사람이기를 거부했던 오지 오스본이 이렇게 순한 양처럼 우리 곁으로 돌아온 데는 아내이자 매니저인 샤론 오스본의 헌신적인 사랑과 내조가 있었다.

수렁에 빠진 오지를 건져낸 여장부 샤론

오지 오스본과 샤론 오스본의 만남은 밑바닥 삶을 살던 가난한 유부남과 모든 것이 다 갖춰져 있었던 부잣집 처녀의 운명적인 조우였다. 바로 오지 오스본이 몸담았던 그룹 블랙 사바스의 매니저인 돈 아든(Don Arden)이 샤론의 아버지였던 것이다. 돈 아든은 1960년대 스몰 페이시스(Small Faces)의 매니저 겸 에이전트를 맡으며 단숨에 음악계의 거물로 떠오른 인물이었다. 그는 자신의 회사에 소속된 아티스트를 빼돌리려고 시도한 라이벌 매니저 로버트 스티그우드(Robert Stigwood)를 아파트 4층의 발코니에 매달아 놓을 정도로 성질이 불같고 거칠기로도 유명했다. 어릴 때부터 유명 록 스타들과 자주 어울리며 부유한 생활을 했던 샤론 오스본은 아버지를 닮아 남성처럼 호방한 기질을 타고났다. 이는 후일 샤론이 남성들의 세계나 다름없는 매니저 업계에서 최고의 위치에 오를 수 있게 된 든든한 자산이 된다.

이에 반해 오지 오스본은 1948년 노동자들의 도시 버밍햄의 가난한 가정에서 태어났다. 그는 15세에 학교를 그만두고 텔레비전을 훔치다 교도소에 가는 등 좀도둑질을 업(?)으로 삼으며 비참한 생활을 전전해야만 했다. 그는 "내가 이런 생활을 청산하는 길은 음악 밖에 없었다"고 회상한 적이 있다. 그는 레코드 매장에 붙인 멤버 구인광고를 보고 찾아온 베이스의 지저 버틀러(Geezer Butler), 드럼의 빌 워드(Bill Ward) 그리고 기타의 토니 아이오미(Tony Iommi)와 의기투합, 1969년 전설적인 블랙 사바스를 결성했다. 악마들의 축제일을 의미하는 '검은 안식일'이라는 이름을 내건 그룹은 어둡고 중력이 가득한 사운드로 흑마술과 악마의 신봉자임을 자처했다.

태생적으로 어울리지 않을 것 같았던 오지와 샤론이 만나게 된 때는 블랙 사바스가 서서히 영국 음악계에 이름을 날리기 시작할 무렵인 1970년이었다. 샤론이 공연장에서 아버지를 따라 블랙 사바스를 찾아가면서 자연스레 만나게 된 것이다. 샤론은 당시 오지의 첫인상을 다음과 같이 말했다. "내가 처음으로 오지를 봤을 때가 1970년이었어요. 무척 귀엽다고 생각했어요. 그렇지만 그는 이미 결혼한 상태였고, 무서운 밴드인 블랙 사바스의 멤버였어요. 전 그들이 라이브를 하는 것을 처음 보고, '도대체 이게 뭐야'라고 했죠. 그들의 음악은 무언가 다른 것이었죠."

이후 그들은 오랫동안 서로 록 스타와 팬의 관계를 유지해야만 했다. 오지는 블랙 사바스의 리드 싱어로 활동하며 헤비메탈의 전성시대를 열어갔고, 샤론은 아버지 주위에 몰려든 가수, 연예계 관계자 등과 친분을 쌓는데 바빴다. 그러다 둘이 급속도로 가까워지게 된 것은 1979년 오지가 매니저이자 샤론의 아버지인 돈 아든에 의해 블랙 사바스에서 해고당하면서부터였다. 오지 오스본이 술과 마약에 탐닉하면서 정상적인 그룹 활동을 하지 못하고, 다른 멤버들과 자주 다툼을 벌인 것이 원인이었다.

갑작스런 해고 통보에 충격을 받은 오지 오스본은 LA에 있는 한 호텔에 침거하며 매일 폭음을 일삼았다. 아내인 델마 역시 가방을 꾸려 그의 곁에서 떠나갔다. 절망에 빠진 오지에게 구원의 손길을 뻗은 것은 다름 아닌 샤론이었다. 샤론은 오지가 머물고 있는 호텔로 찾아가 "당신은 오지 오스본이야! 정신차려. 힘을 내란 말이야. 만약 당신이 원한다면 내가 매니저를 맡을 용의가 있어. 우리는 할 수 있어!"라고 소리치며 오지에게 용기를 심어줬다. 샤론은 그동안 아버지 곁에서 오지를 지켜보며 그의 재능이 무척 많다는 것을 간파했고, 이를 이

끌어줄 사람은 자신밖에 없다고 생각했던 것이다. 하지만 이는 샤론이 아버지인 돈 아든과 20년 넘게 절연하게 된 원인이 되기도 했다. 그녀는 음반 산업에서 막강한 파워를 자랑하는 아버지 대신 초라하고 가진 것 없이 매일 술에 절어있는 한 남자를 택한 것이다.

같은 방향으로 향하는 사랑

『어린 왕자』의 저자 생떽쥐베리는 "사랑한다는 것은 둘이 마주보는 것이 아니라 같은 방향을 쳐다보는 것이다"라고 말한 바 있다. 서로 환경이 다른 곳에서 성장한 오지와 샤론은 1982년 7월 4일 하와이의 호놀룰루에서 결혼식을 올리고 같은 길을 걷기로 약속했다. 결혼식을 올린 뒤 샤론은 곧바로 아버지인 돈 아든에게 150만 달러를 지불하고 오지의 계약서를 샀다. 비록 오지가 아버지로부터 해고를 당하긴 했지만, 계약 기간이 남아있었기 때문에 거액의 돈을 지불해야만 했던 것이다. 그녀의 아버지는 물론이고, 주변 사람들이 그녀의 선택을 강력하게 반대했다. 하지만 샤론의 의지는 누구도 꺾을 수가 없었다. "다른 모든 사람들은 우리의 결혼이 실패할 거라고 생각했죠. 하지만 저는 한 번도 의심해본 적이 없어요. 왜냐하면 나는 내가 오지를 사랑하는 것처럼 다른 사람을 사랑해본 적이 없거든요" 여장부다운 대답이다.

오지는 결혼하기 전부터 샤론의 헌신적인 노력으로 성공적인 솔로 활동을 펼쳐나갔다. 1980년에 발표한 솔로 데뷔 앨범 『Blizzard Of Ozzy』와 1981년에 내놓은 2집 『Diary Of A Madman』은 영국과 미국에서 좋은 반응을 얻었고, 「Crazy Train」 「Goodbye To Romance」 「Mr. Crowley」 「Diary Of A Madman」 등의 곡들이 음악팬들로부터 많은 사랑을 받았다. 오지는 블랙 사바스 시절보다 훨씬 더 큰 명성을 얻으며 헤비메탈의 아이콘으로 우뚝 섰다. 샤론과 사랑을 하게 되면서 과거의 망나니 생활을 정리하고 새로운 자유를 찾으며 이룬 쾌거였다. 그것은 명 발라드로 손꼽히고 있는 「Goodbye To Romance」의 노랫말에서도 잘 나타난다.

나는 그동안 왕이었어요. 나는 광대였지요. 이제 부러진 날개들은 나를 그 자리에 있게 하질 않네요. 나는 다시 자유인이 되었어요. 왕관이 부러진 광대가 되었지요. 이번에는 사랑 주변을 헛되이 맴돌게 되지 않을 겁니다. 나는 모든 과거와 작별이라고 당신에게 말하지요. 우리는 언젠가는 만날 거라 믿어요. 결국엔 만날 거라고. 겨울이 좋아 보이네요. 태양은 다시 빛날 거라 여겨져요. 내 마음을 정리한 것처럼 여겨지네요. 모든 과거가 다시 뒤에 남겨지고 나는 사랑과는 작별이라고 말했어요. 친구들과도 작별이라고 모든 과거와도 작별이라고 말하고 있는 거예요. 우리는 언젠가 만날 거라 여겨져요.

오지는 1980년대 전성시대를 보내며 맞은 몇 차례의 위기도 샤론의 정성스런 보살핌과 위로로 극복할 수 있었다. 가장 큰 위기는 오지가 직접 발굴하여 1집과 2집 음반에서 환상의 호흡을 맞췄던 불세출의 기타리스트 랜디 로즈(Randy Rhoads)가 1982년 26살의 젊은 나이에 경비행기 추락사고로 사망한 사건이었다. 가장 아끼던 후배 뮤지션의 죽음으로 오지는 큰 충격을 받았고, 한동안 슬럼프에서 헤어 나오질 못했다. 하지만 샤론의 위로로 기운을 회복한 오지는 랜디를 위해 『Speak Of The Devil』(1982년), 『The Other Side Of Ozzy Osbourne』(1984년), 『Tribute』(1987년) 등의 추모성 앨범을 계속 발표했고, 캘리포니아 샌 베르나디노에 안치된 그의 묘에 매년 꽃을 보내고 있다.

또 다른 위기는 오지 오스본 음악에 담긴 노랫말 때문이었다. 1985년부터 1990년까지 오지는 세 명의 미국 학부모들로부터 고소를 당했다. 메탈이 행동강령임을 확신한 이들은 자신들의 아이들이 앨범 『Blizzard of Ozz』에 수록된 「자살 해결 *Suicide Solution*」을 듣고 자살을 시도했다고 주장했다. 그러나 오지측 변호사는 "「자살 해결」은 알코올 중독으로 1980년 2월 21일 사망한 오지의 절친한 친구이자 호주출신의 헤비메탈 밴드 AC/DC의 보컬리스트 본 스콧(Bon Scott)에 대한 곡으로 자살을 반대하는 메시지를 담은 곡"이라고 반박했다. 오지 본인도 "나는 아내와 아이가 있는 한 집의 가장으로서 부모들의 걱정을 잘 알고 있다. 고의적으로 그런 가사를 쓸 이유가 없다"고 일갈했다. 오지 오스본이 악마주의 아티스트로 낙인찍히는 순간이었다.

당시의 암울했던 순간을 샤론은 다음과 같이 회상한다. "소름이 끼칠 만큼 무서웠어요. 아이들이 자살하자 그들과 친하지 못했던 부모들이 변명거리를 찾으려 했죠. 나도 이미 부모였고, 그래서 '허튼 짓 하지마'라고 말하고도 싶었어요. 그리고 '우리 불쌍한 남편을 모욕하지마'라고도 외치고 싶었어요. 그는 단지 노래를 썼다는 이유만으로 감옥에 갈 수 있다는 사실 때문에 공포에 떨었어요. 결국 오지는 FM 라디오에서 퇴출당했고, 음반은 레코드 매장에서 판매 금지를 당했어요. 몇몇 도시에서는 우리에게 통행 허가증을 내주지도 않았고요." 비록 무섭고 끔찍한 일을 겪었지만, 남편에 대한 사랑만은 매우 뜨거웠다는 것을 잘 알 수 있는 대목이다.

남편은 아내하기 나름

오지와 샤론 부부의 애정 전선이 항상 뜨겁기만 했던 것은 아니었다. 이별의 종착역까지 다다른 적도 있었다. 오지의 알코올 중독 때문이었다. 결혼 초기 술을 자제했던 오지는 1980년대 중반부터 매일 폭음을 하기 시작했다. 하지만 단순히 폭음으로만 끝난 것이 아니었기에 문제였다. 아내인 샤론을 구타하기 시작한 것이다. 그러나 오지의 폭력을 일방적으로 당하고 있을 샤론이 아니었다. 이에 질세라 여걸 샤론 역시 오지를 때리기 시작했고, 부부는 서로에게 주먹을 휘두르는 도저히 눈뜨고는 못 볼 광경을 자주 연출했다.

샤론은 오지가 술을 마시러 밖에 나가지 못하도록 그의 옷을 모두 숨기기도 했고, 여권도 찢어버리는 등 강경 조치를 취했지만 모두 허사였다. 오히려 오지는 아내의 드레스를 입고 나가서 술을 마시는 등 더욱 더 아내의 불편한 심기를 자극했다. 1984년부터 시작된 오지 부부의 이런 해프닝은 해외 토픽란을 화려하게 장식했다. "오, 그건 끊임없이 계속되는 전쟁이었어요. 그는 며칠 동안 사라졌다가, 완전히 망가져서 제게 전화를 하는 거예요. '샤론, 여기 술집이니까 제발 나를 데려가 줘'라고 말이죠." 당시의 상황을 생생하게 기억하고 있는 샤론의 말이다.

오지와 샤론의 전쟁은 1989년에 이르러 절정에 달했다. 그해 9월 2일 밤에 술과 마약에 잔뜩 취한 오지가 샤론을 목 졸라 죽이려고 했던 것이다. 당시 신문에도 대서특필되었던 이 사건으로 오지는 치료센터에 수감되었고, 샤론은 이혼을 결심하게 된다. 그러나 이혼 직전 샤론은 자신이 떠나면 오지의 인생은 아예 탈출구가 없을 것이라 판단하고 다시 한번 그에게 기회를 주기로 하였다. "나는 변호사를 데리고 서류를 작성해서 그가 머물고 있던 치료센터에 보내려고 했어요. 그렇지만 나는 여전히 그를 사랑했기에 도저히 그렇게 할 수가 없더라고요. 정상적인 사람이라면 다시 돌아가지 않았을 거예요. 하지만 내가 이끌어온 인생과 내가 봐왔던 것들을 돌이켜 볼 때

오지의 행동이 그렇게 극단적이라고는 생각하지 않았거든요."

이후 오지는 아내의 말을 잘 듣는 착한 남편이 됐다. 요즘도 가끔씩 술과 약물에 의존하기는 하지만 예전처럼 남용하지 않고 즐길 줄 안다. 다 아내 샤론의 덕분이다. "오지는 지금도 술과 약물을 하죠. 그가 술을 원한다면 그냥 마시게 놔둡니다. 그는 모든 사람들에게 너무나 많은 것을 주고 있어요. 그는 돈을 낭비하지 않고, 화려한 차를 몰지도 않고, 더 이상 담배도 피지 않고, 바람을 피지도 않아요. 그는 무언가가 필요해요." 남편에 대한 아내의 따뜻한 배려이다.

샤론의 오지에 대한 남다른 사랑은 1990년대 들어서 크게 빛을 발했다. 헤비메탈 사운드가 젊은이들에게 어필을 못하면서 오지 오스본을 비롯한 수많은 로커들이 역사의 뒤안길로 사라지고 있을 무렵, 샤론은 남편의 이름을 딴 「오즈 페스트 *Ozzy Fest*」라는 페스티벌을 기획하여 오지를 무대에 계속 남게 했다. 일 년마다 미국 전역을 돌며 열리는 「오즈 페스트」는 그 해 가장 인기있는 록 밴드들이 서로 출연을 원할 정도로 유명한 록 축제로 자리를 잡았고, 오지 역시 후배 록 스타들과 어깨를 나란히 하며 유명세를 떨쳤다. 그리고 「오스본 가족」이라는 리얼리티 프로그램까지 전파를 타며 이제는 명실공히 최고의 슈퍼스타 자리에 올랐다. 악마의 자식이라는 이미지를 훌훌 던져버리고 아내의 말을 잘 듣는 남편 오지와 고비 때마다 남편을 감싸안으며 위기를 돌파해간 아내 샤론, 그들은 20세기가 낳은 최고의 로큰롤 부부이다.

쓰디쓴 결말을 맞은 화려하고 퇴폐적인 사랑

최고의 인터넷 스타 커플

헤비메탈 그룹 머틀리 크루(Motley Crue) 출신의 드러머 토미 리와 육체파 배우 파멜라 앤더슨은 인터넷에서 가장 인기 있는 스타 커플이다. 둘은 2000년 이혼을 해서 현재는 남남이 되었지만, 전세계인들을 하나로 연결해주는 월드 와이드 웹(World Wide Web)에서는 아직도 남다른 부부애(?)를 과시하며 네티즌들의 절대적인 스포트라이트를 받고 있다. 오프라인에서 토미 리와 파멜라 앤더슨은 뮤지션과 배우로서 별다른 인기를 끌지 못하고 있지만, 온라인상에서는 어느 톱스타 못잖은 유명세를 톡톡히 치르고 있다. 인터넷을 일정수준 이상 사용하는 사람들에게서 토미 리와 파멜라 앤더슨의 이름은 이제 하나의 보통 명사가 되었다.

이처럼 토미 리와 파멜라 앤더슨이 지구촌 화제의 검색어가 된 것은 다름 아닌 그들의 섹스 비디오 때문이다. 1995년 신혼 여행 중에 직접 찍은 홈 비디오가 인터넷을 통해 유출되면서 큰 파문을 일으킨 것이다. 1996년에 미국 성인 잡지 『펜트하우스』에 둘의 정사 장면을 암시한 비디오 장면이 실리면서 커다란 화제를 불러 일으켰는데, 이후 비디오의 합성 여부와 존재 유무가 사람들의 관심사로 떠올랐고, 펜트하우스사로 수많은 문의가 잇따랐다. 그러던 1997년 말 인터넷 엔터테인먼트 그룹 IEG가 이 비디오를 입수하여 유료 판매를 하기 시작하면서 그 파문이 일파만파로 퍼져나간 것이다.

IEG를 통해 1999년까지 「토미 리 & 파멜라 비디오」는 30만 장이라는 성인 비디오 사상 최고의 판매고를 기록했고, 인터넷 검색엔진에서 하루 조회수가 9천여 건에 달하는 등 전세계의 히트 상품이 되었다. 인터넷이 진정한 월드 와이드 웹(www)이 되는 데 일등 공신이 된 것이다. 비디오 인기가 절정에 달했던 1999년 경제 전문지 『월스트리트저널』에 따르면 합법, 비합법으로 판매되는 비디오 테이프와 그 주인공들을 이용한 유료 웹사이트의 고객 유인효과까지 감안한다면 이 비디오를 통해 창출되는 부가가치는 연간 7천 700만 달러에 달한다고 하니 그 위력을 실감할 수 있다.

1980년대 유명 로커로 인기를 누렸던 토미 리는 물론이고, 그동안 고만고만한 여배우의 반열에 있었던 파멜라 앤더슨까지 갑작스레 인터넷의 총아로 떠올랐다. 그녀의 이름을 내건 웹사이트는 무려 14만 5,000여 개에 달하고, 그녀의 이름은 무려 154만 2,282페이지에 등장하여 기네스북에까지 올랐다. 가히 경이적이다. 이에 편승해 파멜라는 한때 자신의 홈페이지 방문자들에게 연회비 25달러를 요구했는데 놀랍게도 매일 수만명의 유저들이 모여들었다고 한다. '사이버의 여왕'이라 해도 전혀 손색이 없다.

지극히 개인적이어서 다른 사람들에게 알려지는 것을 꺼리는 비디오가 전세계에 유포되었음에도 불구하고 토미 리와 파멜라 앤더슨 커플은 당당했다. 기꺼이 인터뷰와 사진 촬영에 응했으며 음악과 연기 활동도 자연스레 계속 했다. 물론 비디오 배포를 막기 위한 소송을 벌이기도 했지만 그리 전투적이지는 않았다. 오히려 당황한 건 대중들이었다. 때문에 혹시 토미와 파멜라가 돈을 벌기 위해 일부러 비디오를 유출시킨 것은 아닌가 하는 소문도 꼬리에 꼬리를 물었다. 실제로 이들 부부는 IEG와의 이면 합의로 얼마간의 돈을 받고 소송을 취하했다고 한다.

토미 리와 파멜라 앤더슨이 이렇게 당당할 수 있었던 것은 떳떳함에서 나오는 것이었다. 비록 실수로 자신들의 사적인 비밀이 유출되었지만, 인간이라면 누구나 즐길 수 있는 행위를 했기에 죄가 되는 것이 아니라는 것이다. 그러나 무엇보다 결정적인 이유는 이들이 쾌락주의로 대표되는 1980년대 미국 LA의 헤비메탈 용광로에서 뜨거운 나날을 보냈기 때문이다.

캘리포니아의 열기

토미 리와 파멜라 앤더슨은 각각 남근(男根) 록의 대표 장르인 LA 메탈의 쾌락주의와 화려함으로 치장한 할리우드 연예 산업의 성(性) 상품화를 대표하는 인물들이다. 그들은 비록 자라온 성장 배경과 활동 공간은 달랐지만, 추구하는 목표는 거의 일치했다. 토미 리는 자극적이고 파워 넘치는 메탈 음악을 통해 자신을 따라다니는 여성들을 소유하기를 원했고, 파멜라 앤더슨은 풍만한 몸매와 섹시한 외모를 통해 록 스타들과의 염문을 쏟아내며 유명세를 치르기를 원했다. 이는 둘의 이력을 살펴보면 더욱 확실하게 알 수 있다.

토미 리는 1962년 3월 10일 그리스 아테네에서 태어났다. 부모님을 따라 미국 캘리포니아에 정착한 그는 십대 시절 딥 퍼플, 레드 제플린, 키스 등의 하드 록 그룹들을 동경하며 스틱을 잡았다. 고교 시절 스쿨 밴드에서 드럼을 쳤던 그는 본격적인 음악 생활을 위해 학교를 중퇴하고 록 밴드 슈트 19(Suite 19)의 일원으로 참여했다. 1980년대 초반 LA의 클럽가에서 슈트 19과 연주 활동을 벌이면서 그는 자연스레 베이시스트 니키 식스(Nikki Sixx) 등을 만나며 친분을 다져나갔고, 결국 머틀리 크루라는 악동 밴드가 탄생하였다.

머틀리 크루와 함께 토미 리는 1980년대 LA 메탈을 이끌었다. 속도감 넘치는 헤비 메탈의 굉음에 달콤한 팝 음악이 곁들여진 사운드는 파죽지세로 지구촌을 점령했고, 여기에 화장기 짙은 얼굴, 요란스레 치장한 가죽옷과 문신, 그리고 그 뒤를 항상 따라 다니는 여자, 마약, 술은 음악과 더불어 머틀리 크루를 상징하는 필수 아이콘들이었다. 『Shout At The Devil』(1983년), 『Theatre Of Pain』(1985년), 『Girls, Girls, Girls』(1987년), 『Dr. Feelgood』(1989년) 등의 걸작 앨범들이 당시 토미 리와 머틀리 크루의 위치를 잘 말해준다.

음악 외적인 면에서는 1980년대와 1990년대 대부분을 노래 제목처럼 「Girls, Girls, Girls」만을 외쳐대며 쾌락에 탐닉했다고 해도 과언이 아닐 정도였다.

금요일 밤에 난 싸우고 싶어졌어. 모터사이클을 타고 잭 나이프를 들고서 머리를 뒤로 넘기니 기분이 끝내줬지. 하지만 난 나를 황홀하게 해 줄 여자가 필요해. 여자, 끝내주는 여자 말이야. 잘 빠진 다리와 날 부르는 입술. 선셋 거리에서 춤을 추는 그녀. 키스하고 싶은 붉은 입술. 한 번 놀아보자. 아주 즐거울 거야. 할로윈 데이 또는 12월 31일에. 날라리 여자들은 비트를 탈 줄 모르지. 하지만 너는 달라. 최고야. 나는 좋은 남자야. 나는 단지 새로운 장난감이 필요할 뿐이야. 난 그녀에게 춤을 춰달라고 했지. 내가 만족할 수 있게 말야. 당신은 바로 내가 찾던 여자야.

토미 리가 그토록 찾던 잘 빠진 다리와 붉은 입술을 가진 그녀는 바로 파멜라 앤더슨이었다. 1967년 캐나다에서 태어난 파멜라는 밴쿠버에서 헬스클럽 강사 일을 하고 있었다. 그녀는 1989년 축구 구경을 갔다가 뜻밖의 행운을 얻어 할리우드로 진출했다. 경기장에 있던 그녀의 모습을 카메라맨이 운동장의 대형 스크린에다 전송했는데, 금발의 글래머 미녀를 보고 매료된 한 광고 회사 직원이 파멜라에게 맥주 광고 모델을 제안한 것이다. 이어 곧바로 『플레이보이』지(誌)에서도 연락이 왔고, 1990년 2월부터 6개월 동안 전세계 최대 부수를 자랑하는 『플레이보이』의 커버 모델로 활동을 하는 등 무명의 헬스클럽 강사에서 단숨에 무수한 뭇 남성들이 눈을 떼지 못하게 만드는 섹시 모델로 자리잡았다.

이후 파멜라는 할리우드로 진출해 여러 편의 TV 드라마와 영화에 출연하며 인기 배우로 자리 잡았다. 그 중에서도 1990년대 초반 우리나라에서도 인기리에 방영됐던 외화 「베이워치(SOS 해상 기동대)」의 주인공으로 스타덤에 올랐다. 170cm의 훤칠한 키와 볼륨있는 몸매가 돋보이는 수영복을 입은 그녀의 모습은 안방극장에 앉은 남성 팬들의 눈을 즐겁게 했다.

불꽃같은 사랑

토미 리와 파멜라 앤더슨이 처음 만난 것은 1994년 12월 31일, LA의 한 클럽에서였다. 당시 여러 폭행 사건과 마약, 소음 문제 등으로 인하여 타블로이드 신문을 장식하던 악명 높은 로커 토미 리에게 파멜라 앤더슨이 먼저 접근을 한 것이다.

토미 리가 친구들과 바에 걸터앉아 술을 마시고 있다. 얼마쯤 지났을까 갑자기 웨이트리스가 토미에게 다가와 술을 한 잔 건넨다.

"이 술은 파멜라 앤더슨이 당신을 위해 보낸 겁니다."

"파멜라 앤더슨? 그녀가 지금 여기에 있어?"

"그녀는 이 클럽의 오너들 중 한 명이에요."

토미는 웨이트리스가 가리키는 곳을 쳐다본다. 그곳에는 파멜라가 친구들에게 둘러싸여 활짝 웃고 있었다.

서로 한 눈에 반해버린 그들은 급속도로 가까워졌고, 이듬해인 1995년 2월 결혼에 골인했다. 스캔들 메이커로 유명한 둘의 결혼에 대해 주변에서는 과연 오래 지속될 수 있을까하는 불안을 감추지 못했다. 이미 토미 리는 1986년 여배우 헤더 록클리어(Heather Locklear)와 결혼을 하여 1994년 이혼한 전력이 있었다. 하지만 비디오 사건이 발생하기 전까지 둘은 남부럽지 않게 행복한 결혼 생활을 했다. 1996년 큰아들 브랜든을 낳았고, 1년 뒤에는 작은 아들 딜란이 태어났다.

그러나 분명 그것은 '한때'였다. 1997년의 어느 날 둘은 여느 때와 다름없이 저녁 식사를 마치고 TV를 켰다. 순간 TV에서 어디선가 많이 보던 화면이 스치고 지나갔다. 자신들의 뜨거웠던 추억을 담은 비디오였다. '인터넷의 세계화'에 기여하는 순간이기도 했다. 허나 잉꼬 부부는 원수로 돌변했다. 서로 격렬하게 싸웠고, 고소와 고발이 난무했다. 토미는 파멜라에 대한 폭행죄로 교도소를 제집 드나들 듯이 했다. 비록 대중앞에서는 당당함을 드러냈지만, 서로에 대한 불신은 점점 깊어만 갔다. 타블로이드 신문들에게 최고의 소스를 제공하는토미 리의 배드 보이(Bad Boy) 이미지가 재현된 것이다.

토미 리의 이런 폭력적인 태도는 머틀리 크루의 인기 하락과도 맞물려 있었다. 1990년대 접어들면서 얼터너티브 록, 하드코어 같은 신세대의 구미에 맞는 젊은 감각의 음악들이 음악 시장을 장악하면서, 머틀리 크루로 대표되는 헤비메탈은위축되어갔다. 3년 동안 야심차게 준비하여 1997년에 발표한머틀리 크루의 작품『Generation Swine』은 빌보드 차트 4위로진입했으나, 곧바로 곤두박질치고 말았다. 시대의 트렌드에편승해 얼터너티브 록으로 방향전환을 꾀했지만 혈기왕성한신예들의 강렬한 음악을 따라잡기는 역부족이었다. 음악적인부진이 가정 생활에까지 영향을 준 것이다.

결국 토미 리와 파멜라 앤더슨은 4년 간의 불꽃같은 사랑을마감하고 1999년 이혼을 했다. 그러나 사랑은 끝났지만, 후유증은 계속되었다. 이들은 아이 양육비 문제를 놓고 또다시 법정 싸움을 벌인 것이다. 파멜라는 "토미는 술을 마실 때마다화를 내고 무척 불안해하는 등 아이들은 물론 주변에 위협적인 인물이다"라며 비난을 했고, 토미 역시 "나는 2년 동안 술을 마신 적이 없으며 아이들에게 위협을 가한 적도 없다. 파멜라는 거짓말쟁이다"라며 맞대응을 하는 등 둘 사이의 감정 싸움은 그칠 줄 몰랐다.

그러면서 둘은 각자의 길로 서서히 움직였다. 이혼한 직후 토미 리는 자신의 그룹 메소즈 오브 메이헴(Methods Of Mayhem)을 결성하여 그해 겨울 데뷔 앨범 『Methods Of Mayhem』을 발표했다. 수록곡 중 「Get Naked」는 입에 담기 거북할 정도로 1997년 전세계를 휩쓴 비디오 테이프 사건에 대해 노골적으로 언급하고 있는 곡이었다. 파멜라 앤더슨은 록 스타에 대한 집착을 버리지 못하고 토미 리의 절친한 친구이자 인기 록가수 키드 록(Kid Rock)과 뜨거운 관계를 과시하며 옛 남편을 자극했다.

그러나 시간이 지나면서 토미 리와 파멜라 앤더슨의 관계는 해빙 무드를 타고 있다. 토미 리는 2002년 발표한 새 앨범 『Never A Dull Moment』에 수록된 「Hold Me Down」이라는 곡을 통해 자신의 최근 심정을 담담하게 밝혔다.

난 모든 사람들을 행복하게 만들지는 않지. 하지만 괜찮아. 난 이미 모든 걸 겪어 봤거든. 전혀 새로울 게 없어. 매번 왜 하늘을 날고 싶은지 모르겠어. 누군가는 나를 항상 잡으려고 해. 나는 시도하는 순간마다 신념을 잃어가고 있어. 내 곁에 아무도 없기에. 날 가라앉게 내버려두지마. 지금 한 일에 대해서는 걱정하지마. 괜찮아. 얼마나 버틸 수 있는지

알아보는 테스트였어. 전혀 해로운 것은 아니야. 난 가라앉고 있어. 서서히 떨어지고 있어. 왜 날 도와주지 않는 거지?

세월이 약이었을까? 가수로서의 인기와 한 인간으로서의 평가가 그다지 좋지 못하다는 것을 느꼈기 때문일까? 토미는 지금 누군가의 손길을 애타게 기다리고 있다. 파멜라 앤더슨 역시 토미 리에 대한 악감정을 조금씩 누그러트린 상태다. 지난 2001년 C형 간염 판정을 받아 투병 중인 파멜라 앤더슨은 미국 주간지 『US』와의 인터뷰에서 "토미와는 많은 사랑과 추억을 가지고 있어서 함께 있건 없건 상관없이 서로에 대해 미쳐있을 정도다. 나는 그저 두 아이가 아빠와 함께 훨씬 건강하고 즐거운 삶을 살 것이라는 사실에 대해 만족할 뿐이다"라며 자신의 건강보다 아이들과 토미의 행복을 더욱 걱정하는 모습을 보여주었다.

토미 리와 파멜라 앤더슨의 사랑은 1980년대 '욕망의 통조림'으로 대변되는 LA 메탈과 할리우드의 만남이었다. 그들은 그 뜨거운 용광로에서 불꽃튀는 사랑을 연주했고 그것을 전세계에 상영했다. 그 이전까지 그 누구도 감히 생각할 수도 없던 도발적이고 화끈한 사랑 방식이었다. 그리고 그것으로 끝이었다. 쉽게 끓어오른 만큼 차갑게 식는 것도 순식간이었다.

평범함을 거부한 그들만의 얼터너티브식 사랑

X세대의 사랑 방정식

1994년 4월 8일 커트 코베인이 미국 시애틀의 자택에서 시체로 발견되자, 전세계는 발칵 뒤집혔다. '시대의 목소리'라 불리며 X세대의 우상으로 지구촌을 휩쓸었던 록 그룹 너바나(Nirvana)의 리더가 그렇게 허무하게 세상과 작별을 했다는 사실을 믿기 힘들었던 것이다. CNN의 생중계는 물론이고, 미국 전역의 언론사들이 앞다투어 취재 경쟁을 벌였고, 커트 코베인의 집 앞에는 수많은 인파들이 모이고 또 모여들었다. 존 레논이 1980년 12월 8일 피격을 당해 사망했을 당시만큼의 충격이 지구촌을 술렁이게 만들었다. 커트의 자살 소식을 접하고 무려 68명의 젊은이들이 스스로 목숨을 끊었을 정도로 그 파장은 컸다.

일각에서는 커트 코베인의 죽음이 자살이 아닌 타살이라고 외치며, 계속해서 의문을 제기했다. 그리고 그 배후에 커트 코베인의 아내이자 록 스타인 코트니 러브가 있음을 강력히 주장하기도 했다. 아직까지도 커트 코베인의 죽음을 둘러싼 미스터리는 풀리지 않은 채 무엇이 진실인지는 베일에 싸여있다. 때문에 지금도 많은 너바나의 팬들은 코트니 러브를 오노 요코에 빗대 '제2의 오노 요코'라 부르기도 하고, '남편을 죽음으로 이끈 마녀'라는 악의에 찬 말을 서슴없이 하고 있다.

팬들이 이처럼 코트니 러브에 대해서 나쁜 감정을 가지게 된 것은 그녀와 커트 코베인의 만남부터가 완전히 의도적이었다고 생각하기 때문이다. 유명한 록 스타인 커트 코베인을 이용해 가수와 배우로서 명성을 얻고자 마음 먹은 코트니가 계획적으로 커트 코베인에게 접근하여 결혼까지 하게되었다는 것이다. 결혼 후와 남편의 죽음 뒤에 보여준 코트니 러브의 이해할 수 없는 행동들 역시 팬들의 비난을 사기에 충분했다.

하지만 커트 코베인은 유서를 통해 코트니 러브와 딸 프랜시스에 대한 사랑을 공개적으로 밝혔다. 아내에게 쏟아질 팬들의 비난을 미리 알기라도 한 것처럼 말이다.

왜 아무 생각 없이 즐기려고 하지 않는 것인지 나도 더 이상 모르겠다. 나에게는 야심과 배려가 넘치는 여신같은 아내와 어린 시절의 나를 너무나 닮은 딸이 있다. 사랑과 기쁨이 넘치는 프랜시스는 만나는 모든 사람들에게 키스를 한다. 왜냐하면 누구나 선하고 그녀에게 위협을 가하는 사람이 없기 때문이다. 그리고 그것이 지금의 나에게는 어떻게 손쓸 수 없을 정도의 두려움으로 다가온다. 나는 프랜시스가 나처럼 한심하고 자기 파괴적인 죽음으로 달려가는 일만을 생각하는 인간이 되는 것을 상상하는 것만으로도 가슴이 찢어질 것 같다.……(중략)……그리고 기억해주길 바란다. 조금씩 소멸되는 것보다 한꺼번에 타버리는 것이 훨씬 좋다는 것을.

프랜시스 그리고 코트니, 나의 모든 것을 그대들에게 바친다. 코트니 계속 전진하길. 프랜스시에게 건배. 내가 없다면 더욱 온화하고 행복해질 그녀의 인생을 위해.

커트 코베인은 유서에서 아내 코트니 러브를 '야심과 배려가 넘치는 여신'이라고 표현했다. 그리고 계속 전진하길 빈다고 언급했다. 아내의 성격을 정확하게 꿰뚫어 본 커트 코베인의 마지막 인사말이다. 자신의 엄청난 성공에는 크게 괴로워하던 커트 코베인이었지만, 코트니 러브에게 야심이 있고, 계속 전진하려고 하는 의지가 강하다는 것을 알고 있기에 그런 아내의 성공만은 기원했던 것이다. 코트니는 자연스럽게 남편의 부와 명성을 등에 업고 최고의 엔터테이너로 거듭났으며, 요즘도 계속 뭇 남성들과 스캔들을 일으키며 해외 토픽란을 장식하고 있다.

이들의 사랑은 영원한 사랑이 아니라 왔다가 가는 순간의 뜨거운 사랑이었다. 일반적인 상식으로는 도저히 이해할 수가 없다. 이는 1980년대를 희망을 갖지 못하고 축축하게 보낸 X 세대만의 고유한 사랑 방정식이기 때문이다. 커트 코베인과 코트니 러브 역시 우울하고 희망이 없는 1980년대를 보냈다.

시대의 목소리 커트 코베인

커트 코베인은 1967년 2월 20일 미국 워싱턴 주의 애버딘이라는 조그만 도시에서 태어났다. 백인 하층민들이 모여 살던 애버딘 벌목촌에서 자동차 정비기사로 일하는 도널드 코베인(Donald Cobain)과 웬디 프라덴버그(Wendy Fradenburg) 사이에서 태어난 커트는 어릴 때부터 미술과 음악에 뛰어난 재능을 보였다. 하지만 여덟 살 되던 해에 부모님이 이혼을 하면서 커트의 삶은 평범함을 거부하게 되었다. 그의 소년시절은 거칠고 외로웠으며, 어둡고 삭막했다. 커트는 나중에 이에 대해 다음과 같이 말한 적이 있다.

(부모님의 이혼이) 여러 가지 이유로 부끄럽다는 것뿐이었다. 부모님이 부끄러워 학교에서도 친구들의 얼굴을 대할 수 없었다. 내가 원한 것은 전형적인 가족이었다. 나는 보호받고 싶었다. (나의 성장 과정은) 매우 소외되었다. 유년기

까지는 정말 행복했다. 부모님이 이혼했을 때, 갑자기 모든 것이 바뀌었다. 나는 반사회적으로 변해가며 주변에 존재하는 사실들에 대해 알아차리기 시작했다. 애버딘은 작은 도시였는데 마음에 드는 친구도 없었다. 그저 반사회적인 것과 음악 듣는 것에만 관심이 있었다.

어느 누구도 이런 커트를 어루만져주지 못했다. 새로운 가정을 꾸민 아버지와 어머니, 그리고 친척집을 떠돌아다니며 먹는 눈칫밥은 사춘기에 접어든 그를 더욱 황폐하게 만들었다. 그는 외톨이가 되어갔다. 그를 반긴 것은 오로지 강력한 사운드로 무장한 펑크(Punk) 음악과 마약뿐이었다. 그는 같은 처지의 또래 친구들과 함께 모여 기타를 들고 세상에 대한 분노를 토해냈다. 그것은 고립된 사회에서 벗어날 수 있는 유일한 탈출구였으며, 자신을 인정해주지 않는 세상에 대한 욕설이었다. 그는 펑크 음악에 대해 "펑크는 나에겐 사회적으로 정치적으로 느낀 바를 표현하는 수단이었다. 그 속에는 많은 것이 내포되어 있다. 느끼고 있던 분노, 즉 소외가 발화하는 것이다"라고 정의를 내린 적이 있다.

커트 코베인의 분노는 그만의 분노가 아니었다. 미국 신혼부부의 65%가 이혼을 한다는 통계자료에서 짐작할 수 있듯 수많은 결손 가정의 아이들이 겪는 분노였다. 자신들의 보호막이 사라져버리고 사회에 홀로 버려져 어찌할 수 없는 현실에 막막해하는 젊은이들의 통렬한 울분이었다. 커트 코베인은 바로 그런 절망적인 1980년대를 거쳐 1990년대에 접어든 또래 친구들과 자신을 위해 노래를 불렀다. 커트 코베인, 크리스 노보셀릭(Chris Novoselic), 데이브 그롤(Dave Grohl)로 이루어진 너바나는 1991년 기념비적인 명반 『Nevermind』와 함께 세계적인 그룹으로 떠올랐고, 리더 커트 코베인은 '목소리 없는 세대의 목소리(Voice Of A Voiceless Generation)'로 대접받았다.

우울한 시대를 보낸 커트 코베인의 로맨스 역사 역시 짧고 불투명했다. 코트니 러브를 만나기 전까지 그를 스쳐간 여성들 역시 밝음보다는 어두움에 가까웠다. 첫 번째 여자 친구는 시애틀의 변두리인 올림피아에 살던 트레이시 머랜더(Tracy Marander)였다. 동료 펑크 밴드 멤버의 소개로 만난 트레이시는 갈 곳이 없어 다리 밑에서 노숙할 정도로 떠돌이 삶을 살던 커트에게 처음으로 가정이라는 것을 알게 해준 여성이었다. 하지만 커트는 트레이시의 끊임없는 간섭에 싫증을 냈고, 결국 동거를 시작한지 1년 남짓 되어 이별을 했다. 트레이시의 잔소리를 커트는 너바나의 1989년도 데뷔 앨범 『Bleach』에 수록된 「About A Girl」에서 "밤마다 공짜로 당신을 만날 수는 없군요"라는 가사를 통해 표현하기도 했다.

그 후 커트 코베인은 올림피아 지역의 여성 펑크 뮤지션으로 나중에 라이엇 걸 무브먼트(Riot Girl Movement)라는 여성 저항 운동의 싹을 틔우는 데 크게 이바지한 토비 베일(Tobi Vail)과 애정전선을 형성하게 된다. 토니 베일과 사귀면서 커트는 당시의 페미니즘 문제와 동성애 문제, 인종 차별 등 여러 가지 민감한 사회적 이슈 등을 접하게 되었고, 이는 「Rape Me」 같은 일련의 노래들을 통해 자연스레 표출된다. 토니 베일과의 결별 이후 커트를 기다리고 있는 연인이 바로 야심으로 똘똘 뭉쳐진 코트니 러브였다.

록의 희생양에서 승리자로 태어난 코트니 러브

코트니 러브의 삶은 시애틀의 주변부를 맴돌았던 남편 커트 코베인 보다 훨씬 드라마틱하고 처절하다. 로큰롤 역사와 할리우드 무대 뒤편에서나 있음직한 비밀스럽고 난잡하고 불쾌한 비하인드 스토리 그 자체다. 코트니 러브는 남근(男根) 록이 낳은 희생양이었고, 그것을 이겨내고 여성 록 스타로 우뚝 선 여걸이기도 하다. 피해자에서 승리자로 서기까지의 과정은 할리우드 영화처럼 과장되었으면서도, 동시에 예술 영화처럼 안타까운 진실을 담고 있다.

코트니 러브는 1964년 7월 9일 샌프란시스코에서 태어났다. 그녀의 부모는 자유 연애와 마약을 즐기던 전형적인 1960년대의 히피였다. 아버지 행크 해리슨(Hank Harrison)은 전설적인 히피 그룹 그레이트풀 데드(Grateful Dead)의 초기 매니저이자 밴드의 전기를 다룬 책 『Dead』의 저자였고, 유복한 집안 출신의 어머니 린다 캐롤(Linda Carroll)은 히피 심리학자였다. 서로에게 구속받기 싫어하는 히피답게 코트니 러브의 부모는 그녀가 한 살이 되던 해에 이혼을 했다.

이때부터 코트니 역시 히피 부모의 피를 이어받아 정처 없는 유랑 생활을 시작한다. 어머니를 따라 뉴질랜드와 호주에서 생활하기도 했고, 아버지를 따라 아일랜드와 영국에 머물기도 했다. 하지만 코트니 러브는 '지구상에 태어난 그 날부터 문제아였다는 그녀의 아버지 행크의 훗날 언급처럼 사상 최악의 사고뭉치였다. 보통 사람들의 시각으로는 도저히 용납할 수 없는 기괴한 옷차림으로 가는 곳마다 도둑질과 폭력을 일삼았고, 급기야 소년원에 수감되기까지 했다. 또한 일본으로 건너가 있던 6개월 동안 스트리퍼로 활동을 하기도 했다.

이 질풍노도의 시기에 코트니 러브는 록 스타를 따라다니는 그루피이기도 했다. 그녀는 십대 중반에 영국 리버풀을 중심으로 활동했던 펑크 그룹 티어드롭 익스플로즈(The Teardrop Explodes)의 리더 줄리언 코프(Julian Cope)를 귀찮을 정도로 따라다니며 한바탕 소동을 벌였고, 줄리언 코프와 잠자리를 가졌다는 소문을 이곳 저곳에 흘리고 다녔다. 훗날 줄리언 코프는 코트니 러브가 커트 코베인과 결혼하여 세간의 화제를 모으자 영국의 방송 광고에 출연하여 "우리 시대의 가장 위대한 록 그룹들을 헤로인 중독에 빠트리고, 그들의 뇌를 빨아먹는 여자를 몰아내자"고 강력하게 비난하기도 했다.

그녀는 십대 후반부터 시애틀에서 가까운 포틀랜드에 살면서 여러 펑크 뮤지션과 히피족, 그리고 별난 예술가 등과 계속 교제를 하며 스타가 되고 싶은 열망에 빠져들었다. 그러면서 그녀는 성(性)이 록 음악에서 중요한 수단이 될 수 있음을 깨달았다. 록 스타들을 쫓아다니는 그루피 생활을 하면서 뼈저리게 느낀 것이다. 이는 코트니 러브가 자신의 록 밴드 홀(Hole)을 이끌며 1990년대 초·중반 여성 록을 상징하는 인물로 부상하는 데 절대적인 영향을 끼쳤다.

그리고 코트니 러브는 1989년 록 밴드 홀을 결성하기 전인 1986년과 1987년 알렉스 콕스(Alex Cox) 감독의 영화 「시드와 낸시 *Sid And Nancy*」「스트레이트 투 헬 *Straight To Hell*」에서 비중있는 역을 맡아 영화배우로도 가능성을 보여줬다. 사실 이 당시 코트니 러브는 은막의 스타가 되기 위해 영화 제작자, 영화 감독, 배우 등과 '긴밀한 관계(?)'를 맺었다고 전해진다. 이런 코트니 러브의 스타덤에 대한 집착에 대해 그녀의 아버지인 행크는 "코트니는 근성이 있다. 항상 정상의 자리에 곧바로 올라가고 싶어한다. 그녀는 아무것도 알지 못하면서, 또 자기가 하는 일에 아무 경험도 없으면서 끊임없이 최고의 자리에 있고자 한다'고 말했다.

음악에 대해 체계적인 지식을 가지고 있지 못하고 별다른 경험도 없으면서 코트니 러브는 저돌적으로 록 그룹 홀을 결성했고, 1991년 데뷔 앨범 『Pretty On The Inside』를 발표하며 치열한 록의 서바이벌 전장으로 뛰어들었다. 그리고 그 자리에서 그녀는 커트 코베인을 만났다.

우울한 청년과 히피 소녀의 만남

커트 코베인과 코트니 러브의 첫 만남은 서로에 대한 탐색

전이었다. 1990년 커트 코베인은 너바나 멤버들과 함께 포틀랜드의 한 클럽에서 공연을 하고 있었는데, 그 자리에 홀의 보컬리스트로 활동하고 있던 코트니 러브도 있었다. 그 둘은 이미 언더그라운드 클럽 등지에서 공연을 펼치며 서로에 대해서 알고 있었다. 그들은 공연이 끝난 후 함께 맥주를 마시며 호기심과 호감을 반반씩 나눠가졌다. 시애틀을 중심으로 명성을 쌓아가고 있는 그룹의 리더에 대한 코트니의 깊은 관심과 온갖 소문의 중심에 서 있는 못 말리는 여성에 대한 커트의 호기심이 매치된 것이다.

코트니는 얼터너티브 영웅에 대한 첫 인상에 대해 "상처가 느껴졌다. 하지만 귀여운 면도 있었다. 얼터너티브 록의 제왕답게 정열적이기도 했다"며 호감을 표시했고, 커트 역시 "고전적인 펑크 록의 애송이 같았다. 그녀에게 관심이 갔다. 어쩌면 그날 밤 같이 자고 싶었던 것이었는지도 모르겠다. 하지만 그녀는 자리에서 일어났다"며 화제를 몰고 다니는 여걸에 대해 좋은 감정을 가지고 있었음을 밝혔다.

하지만 이후 1년이 넘도록 그들은 서로 만나지 못했다. 당시 커트 코베인은 페니미스트 토니 베일과 사귀고 있었고, 코트니 러브는 얼터너티브 록 밴드 스매싱 펌킨스(Smashing Pumpkins)의 리더 빌리 코건(Billy Corgan)과 뜨거운 관계를 맺고 있었다. 그러나 코트니 러브는 빌리 코건보다는 커트 코베인이 훨씬 더 뛰어난 카리스마와 능력을 가지고 있음을 알아챘다. 코트니는 커트와 헤어져있는 동안에도 꾸준한 러브 콜을 보냈고, 결국 1991년 5월 다시 만난 그들은 황홀한 밤을 보내게 된다.

이에 큰 상처를 받은 사람은 다름 아닌 코트니의 남자친구였던 빌리 코건이었다. 당시 빌리 코건의 스매싱 펌킨스는 데뷔앨범 『Gish』를 발표하였는데, 세계를 뒤흔든 너바나의 명반 『Nevermind』의 엄청난 위력에 가려 제대로 빛을 보지 못하고 포기해야만 했다. 여기에 여자친구까지 빼앗겼으니 그 비참한 기분이야 이루 말할 수 없었을 것이다.

커트 코베인과 코트니 러브의 결합은 동일한 '코드'의 조합이었다. 어릴 때 이혼한 부모님 때문에 가정이라는 울타리에 정착하지 못하고 떠돌아다녀야만 했던 유랑 생활, 그 안에서 유일한 탈출구였던 음악, 그리고 거리를 배회하면서 자연스럽게 접하게된 마약은 그들만의 주제어였다. 그들은 밤새 헤로인을 맞고, 사랑을 나눴다. 그러다 지치면 쓰러져 잤고, 깨어나면 또 다시 약물을 복용하고, 달콤한 밤을 보냈다.

하지만 주변의 반응은 걱정 반 불안 반이었다. 『Nevermind』의 빅 히트로 세계 시민권을 획득한 너바나였지만, 커트 코베인이 마약에 취해 공연을 할 때면 주변 사람들은 살얼음판을 걷는 듯한 기분이 들었다. 특히 너바나 멤버들의 속은 까맣게 타들어 가는 것 같았다. 커트 코베인은 1992년 1월 미국 NBC TV의 「Saturday Night Live」라는 프로그램에 출연해서는 스매시 히트 싱글 「Smells Like Teen Spirit」을 부르고 무대에서 내려오자마자 코트니 러브의 품에 정신을 잃고 쓰러졌다.

이 모습에 대해 커트의 친한 친구는 후일 "커트가 그렇게 나쁜 상태에 빠진 모습을 처음 본 밴드 멤버들은 매우 걱정했다. 그들은 그때부터 코트니에게 책임이 있다고 생각하기 시작했다. 그리고 처음으로 코트니를 오노 요코에 빗대어 부르기도 했다"고 밝힌 바 있다. 커트의 헤로인 흡입이 그룹 활동에 지장을 줄 정도가 되자, 멤버들까지 항상 붙어 다니던 코트니를 비난하고 나선 것이다.

그러나 한 번 불붙기 시작한 둘의 사랑은 아무도 막을 수 없었다. 코트니는 임신을 했고, 이 소식을 들은 커트는 코트니에게 정식으로 청혼을 하였다. 그리고 둘은 1992년 2월 24일 하와이의 와이키키에서 친구 몇 명이 참석한 가운데 결혼식을 올렸다. 너바나의 멤버인 크리스 노보셀릭은 코트니를 탐탁치 않게 여겨 결혼식에 참석하지 않았다. 이는 후에 벌어지게 될 너바나의 멤버들과 코트니 간의 심각한 불화를 예고하는 것이었다.

못 말리는 결혼 생활

커트 코베인과 커트니 러브의 결혼 생활은 처음부터 소용돌이의 연속이었다. 어느 것 하나 제대로 돌아가지를 못했다. 코트니 러브가 결혼 후 『배너티 페어 Vanity Fair』라는 잡지와 인터뷰를 하면서 문제는 시작되었다. 사실 코트니 러브는 『베너티 페어』측에서 자신을 커버스토리로 다룬다는 소식을 들고 이 기회에 커트 코베인의 아내가 아닌 그룹 홀을 이끄는 록 스타로서의 모습을 보여줄 필요성을 느꼈다.

하지만 잡지의 내용은 그녀가 생각하는 것과는 전혀 딴판으로 나왔다. 기자는 코트니에 대해 "마약에 취해서 자기가 하는 일이 어떤 결과를 가져올 지에 대해 전혀 신경을 쓰지 않는 인물이며 뱃속에 있는 아이가 걱정된다"며 혹평을 했다. 코트니가 인터뷰 도중에 커트 코베인과 함께 마약을 했다고 스스럼없이 말한 것이 화근이었다. 당시 코트니는 딸 프랜시스를 임신하고 있었다. 그것도 아이가 태어나기 2주 전이었던 것이다.

코트니 러브에게 비난이 쏟아진 것은 불을 보듯 뻔한 일이었다. 커트 코베인과 코트니 러브가 소속되어 있던 메이저 음반사인 게펜(Geffen)에서는 이들에 대한 부정적인 이미지로 인해 팬들이 등을 돌리게 될까 전전긍긍했고, 너바나의 멤버들역시 자신들의 명성에 먹칠을 할까봐 걱정이었다. 특히 너바나의 크리스 노보셀릭은 "코트니가 우리를 찢어 놓을 것이다. 그녀는 커트를 조종하여 완전히 우리에게서 등을 돌리게 만들것이다"라며 코트니에 대한 적대감을 감추지 않았다.

프랜시스가 태어나자 여론은 더욱 부정적으로 흘렀다. 신문에서는 "커트 코베인의 딸은 마약에 중독된 상태", "태어난 아이에게 장애가 있다"라는 제목으로 대서특필했다. 특히 「로스앤젤레스 타임즈」는 코트니의 병원 기록을 토대로 "코트니는 마약 중독을 치료하기 위해 헤로인의 대체물질인 메타돈을 처방 받았다"며 "아기도 약물에 의존해 있는 상태다"라는 기사를 실었다. 이로 인해 커트 코베인과 코트니 러브는 아동복지 담당자들에게 프랜시스의 양육권을 뺏길 처지에 놓였고, 1993년 3월 법정에서 승소할 때까지 무려 반년이 넘도록 주위의 온갖 비난을 감수해야만 했다.

이런 와중에 코트니 러브는 너바나 멤버들의 인세 문제까지 개입하여 너바나 해체를 부추겼다. 너바나는 게펜 레코드사와 계약을 체결할 당시 세 명의 멤버가 똑같이 인세를 나누기로 계약을 맺었다. 하지만 코트니는 남편의 통장으로 들어오는 돈을 보고 참을 수가 없었다. 대박을 터트린『Nevermind』에 수록된 대부분의 곡들을 남편이 주도적으로 만들었는데도, 다른 멤버들과 똑같이 인세를 받는다는 것이 형평성에 어긋난다는 이유에서였다.

코트니는 즉각 커트에게 "다른 멤버들이 하는 일은 누구라도 할 수 있는 거야. 재능이 있는 사람은 당신 뿐이야'라며 음반사에 인세 문제에 이의를 제기하라고 했다. 이 소식을 접한 크리스 노보셀릭과 데이빗 그롤은 강력히 반발했고, 밴드를 해체하기로 결정하였다. 하지만 음반사와 주변의 만류로 인해 크리스와 데이빗은 커트가 인세를 더 받는다는 것에 눈물을 삼키며 동의를 해야만 했다.

또한 코트니 러브는 너바나의 1993년 3집 앨범『In Utero』의 녹음 작업기간 동안 수시로 스튜디오를 방문하여 프로듀싱을 맡고 있던 전설적인 음악인 스티브 알비니(Steve Albini)에게

종종 음악적으로 딴지를 걸며 방해를 하기도 했다. 이런 코트니 러브의 남편 밴드에 대한 월권 행사는 수많은 너바나 팬들의 분노를 사기에 충분했다. 하지만 커트 코베인은 "코트니는 평생 오해를 받아왔다. 나는 5년 전에 코트니를 알았던 이들에게 그녀는 그때 지금보다 훨씬 더 변덕스러웠다고 말을 한다. 나도 몇 년 전에는 그녀와 결혼 생활을 잘 유지할 것이라고 생각하지 못했다. 그때는 정말 상상할 수 없었다"며 철부지 아내를 감쌌다. 그러나 커트 코베인과 커트니 러브의 결혼 생활은 종착역을 향해 달려가고 있었다.

이별 그 후

커트 코베인은 자신이 성공의 꼭지점에 위치해 있다는 것을 극도로 싫어했다. 처음 그는 상업화되어 팔리는 음반을 만드는 주류 록 음악에 대항하고자 얼터너티브 록계에 뛰어들었다. 하지만 너바나 역시 역설적으로 가장 잘 팔리는 음반을 만들어내는 그룹으로 떠오르면서 커트 코베인은 심각한 딜레마에 빠져들었다. 그는 다른 록 밴드들처럼 유명세를 이용해 그룹의 명맥을 유지하는 것을 거부했다. 결국 심약한 성격의 소유자였던 커트 코베인은 짧은 전성시대를 보내다가 1994년 4월 8일 마약에 취해 스스로 목숨을 끊었다.

커트 코베인의 자살 이후, 코트니 러브는 자신에게 쏟아지는 온갖 비난을 감수해야만 했다. 상업화에 매몰되기를 거부하던 커트 코베인에게 엔터테이너가 되기를 부추겼고, 그 명성을 이용해 돈벌이에 집착했다는 비난 여론이 쇄도했다. 특히 남편이 시체로 발견된지 불과 4일 뒤 코트니가 그녀의 그룹 홀의 새 앨범 『Live Through This』를 발표하고, 언론과 끊임없이 인터뷰를 하며 앨범 홍보를 하고 다니자, 대중들의 비난은 극에 달했다.

남편의 죽음을 맘껏 이용하고자 했던 코트니의 이런 상식 이하의 태도는 그녀의 아버지조차 백기를 들게 만들 정도였다. "딸은 남편의 죽음이 알려지고 나서 하루가 채 지나지도 않아 MTV에 출연해 떠들어댔다. 코트니는 그것이 자신의 인생에서 다시 오지 않을 기회라는 것을 잘 알고 있었다. 신보 발매를 앞두고 유명한 남편이 시체로 발견되었다. 세상 모든 언론이 코트니에 대한 이야기를 다루기를 원했다. 코트니도 그것을 알고 있었다. 코트니는 인터뷰 질문에 그 두 가지가 반드시 들어가도록 했다."

코트니는 커트 사후 한 인터뷰에서 "커트 코베인은 내게 정절도 매우 즐거울 수 있다는 것을 가르쳐줬다. 그는 내가 얼버무리며 거짓말하는 버릇도 고쳐주었다. 그렇다. 모두 그의 덕택이다. 커트는 다른 사람들과 달리 내게 시시한 게임을 단 한 번도 걸지 않았다"며 많은 배려를 해준 남편에게 고마움을 표시하기도 했다. 이런 코트니 러브의 이중적인 태도를 일찍부터 간파한 커트 코베인은 앞에서 언급한대로 유서에서 아내를 '야심과 배려가 넘치는 여신'으로 묘사했다. 그리고 3집 앨범

『In Utero』에 수록된 「Heart Shaped Box」라는 노래를 통해 아내에 대해 애증이 교차함을 표현했다.

그녀는 내가 약하게 굴 때면 마치 영락없는 물고기자리라는 듯 날 빤히 쳐다보지. 수 주일 동안 나는 당신의 하트 모양 상자에 갇혀 있었어. 당신의 강한 자력, 끈적이는 타르, 움푹 패인 구멍의 덫으로 나는 끌려 들어갔어. 당신이 검게 변할 때, 그 암을 내가 먹을 수 있기를 원해. 이봐 잠깐. 새로운 불평거리가 있어. 당신의 값을 매길 수 없는 고귀한 충고 덕분에 난 영원히 빚을 진 셈이야. 고기를 먹는 난초는 아직 그 누구도 용서하지 않았지. 당신의 파괴된 처녀막에 나는 검게 남겨졌어. 당신의 배꼽에 있는 매듭을 땅에 던져요. 내가 원래대로 해줄 테니까요.

이제 커트 코베인은 코트니 러브의 하트 모양 상자에서 해방되어 영원한 자유를 누리고 있다. 현실 세계에서는 모든 것이 고통스러워 약에 취했고, 음악에 취했지만, 현재는 편하게 휴식을 취하고 있을 것이다. 이에 반해 코트니 러브는 더욱 더 치열하고 고집스럽게 현실의 희로애락에 집착하고 있다. 남편이 남긴 미발표곡들의 저작권을 소유하기 위해 전(前) 너바나의 멤버들과 수 년째 지루한 법정 공방을 벌이고 있으며, 각종 스캔들과 사건, 사고를 일으키며 팝계의 트러블 메이커로 우뚝 서 있기도 하다.

어둡고 긴 터널 속에서 헤매야만 했던 커트 코베인과 자유분방한 놀이터에서 뛰어 다녔던 코트니 러브, 둘 중 어느 쪽이 옳고 그르다고 판단을 하는 것은 금물이다. 3년 동안 그들은 서로의 가슴 안에서 신성한 불꽃을 지폈고, 훨훨 타올랐다. 그리고 그 불꽃은 순식간에 차갑게 식었고, 재로 변해 사방으로 흩어졌다. 이들의 사랑을 일반인들은 이해하지 못했다. 이해할 수도 없었다. 오직 커트 코베인과 코트니 러브만이 공감하고 나눌 수 있는 'X세대의 사랑법'이었기 때문이다.

대중문화산업에 의해 키워진 아이돌 스타들의 사랑

대중의 레이더망에서 빠져나오지 못한 커플

스타는 대중의 사랑을 먹고사는 존재들이다. 팬들의 지지와 환호가 없으면 곧바로 폐기처분되는 것이 그들의 현실이다. 그래서 스타들의 일거수 일투족은 자의반 타의반으로 모두 개방되어 있다. 자신이 좋아하는 스타의 A부터 Z까지 모든 것을 알기 위해 열성 팬들은 불철주야 레이더망을 가동시키고 있고, 이에 부응하기 위해 미디어 역시 스타의 곁을 계속 따라다니며 기사거리를 찾고 있다. 특종 사진으로 한방을 터트리는 파파라치 역시 마찬가지다.

때문에 스타들의 개인적인 생활은 큰 제약을 받기 마련이다. 이로 인해 많은 문제가 생기기도 한다. 밝히기 꺼려했던 사적인 비밀이 공개되어 인기도에 상당한 영향을 미치기도 하고, 사소한 실수나 사건 등도 금새 노출되어 당사자들을 당혹스럽게 만든다. 보통사람이었다면 겪지 않아도 될 일을, 유명인사라는 이유만으로 감수하고 있는 것이다.

특히 어렸을 때부터 엔터테이너의 길을 걷고 있는 스타들에게는 더욱 그 강도가 세다. 이미 어린 시절부터 모든 사생활이 언론에 노출되어 있기 때문에 정상적인 생활을 기대하는 것은 애초부터 무리다. 누구와 데이트를 즐긴다거나 누구와 키스를 나누는 장면 등은 거의 실시간으로 공개되기 일쑤다.

가장 대표적인 경우가 현재 틴 아이돌 스타에서 자신만의 색깔을 가진 아티스트로 거듭나고 있는 세계적인 팝스타 브리트니 스피어스와 저스틴 팀벌레이크의 로맨스였다. 2000년에 시작되어 2002년 종지부를 찍은 인기절정의 스타 커플의 사랑 이야기는 지구촌 팝 팬들을 뒤흔들어 놓았다. 어린 시절부터 디즈니 채널의 쇼 프로그램 「미키 마우스 클럽 *Mickey Mouse Club*」에 함께 출연하며 알고 지내다, 우정 이상의 감정을 가지게 된 두 사람의 행동 하나 하나와 말 한마디 한마디에 수많은 연예관련 매체와 파파라치들이 주목했고, 그대로 대중들에게 전달 되었다. 현재 전세계 십대들의 우상이라고 해도 과언이 아닌 팝 가수들의 열애였기에 끊임없는 스포트라이트가 쏟아진 것은 어쩌면 당연한 일이었다.

하지만 검증되지 않고 무차별적으로 쏟아지는 황색언론의 두 사람에 대한 집중포화는 급기야 그들을 갈라서게 만드는 원인 중의 하나로 작용했다. 단적인 예가 바로 지난 2001년 6월에 발생했던 두 스타의 동반 사망설이다. 그저 웃자고 가볍게 한 미국의 어느 방송국 디제이들의 농담이었는데, 이것이 와전되면서 사태가 심각한 지경에 이르게 되었다. 이로 인해 경찰과 언론사, 팬들까지 미국 전체가 한바탕 소동을 겪는 웃지 못할 해프닝을 벌이게 됐다. 결국 그 디제이들은 실수에 대한 책임을 지기위해 방송국을 그만두어야 했다. 브리트니 스피어스와 저스틴 팀벌레이크에 대한 사람들의 관심이 얼마나 뜨거운 가를 알 수 있는 사건이다.

이런 걸 예상이라도 하듯 저스틴 팀벌레이크는 보이밴드 엔싱크(NSYNC) 시절에 만든 2001년도 앨범 『Celebrity』의 타이틀곡을 통해 그 심경을 우회적으로 밝혔다. 그는 노래를 통해 유명인사가 되어 오히려 진실한 감정에 소외되는 현실을 토로했다.

만약 내가 유명인사가 아니었다면 넌 나에게 그리 다정하게 해줬겠니? 내가 다이아몬드 반지를 사주지 않았다면 그리고 다른 모든 값비싼 것들을 사주지 않았다면 나에게 다가왔겠니? 내가 유명인사가 아니었다면?

연인이었던 브리트니 스피어스 역시 같은 해 발매된 세 번째 솔로 앨범 『Britney』의 수록곡 「I'm Not A Girl, Not Yet A Woman」에서 당시 자신이 처한 상황을 당당히 고백했다.

모든 것에 답이 있다고 생각했던 적이 있었죠. 하지만 지금 나는 알고 있어요. 언제나 삶은 내 마음대로 되지 않는다는 것을. 길 중간에 붙들린 듯한 느낌. 그런걸 깨달을 때면. 난 소녀가 아니에요. 아직 숙녀도 아니죠. 내게 필요한 것은 시간이에요. 그 중간에 머물러 있을 때의 내 소중한 순간. 난 소녀가 아니에요. 보호해줄 필요도 없어요. 내 자신이 모든 걸 당당하게 맞이해야 한다는 것을 배우는 그런 시간이에요. 당신이 아는 것보다 더 많이 봐왔어요. 내게 눈을 감으라고 말을 해주세요.

귀여움을 독차지하는 아역스타로 출발하여 세계적인 슈퍼스타로 발돋움한 지금에 이르기까지 유명세로 인한 온갖 시달림과 아픔, 고통에 대해 뼈저리게 느낀 것이다. 그것은 사랑한번 제대로 못해볼 정도였다.

제2의 마돈나를 꿈꾸는 틴 팝 여왕

브리트니 스피어스는 1981년 12월 2일 루이지애나의 켄트우드에서 태어났다. 그녀는 여덟 살 때 디즈니 채널의 「미키마우스 클럽」의 오디션에 응시했는데, 당시 나이가 너무 어려

쇼에 발탁되진 못했지만 뛰어난 재능을 포착한 디즈니의 한 프로듀서가 뉴욕의 한 기획사에 소개시키면서 3년 간의 본격적인 수련과정에 들어갔다. 뉴욕의 오프 브로드웨이 댄스 센터(Off-Broadway Dance Center)와 공연예술 전문학교(The Professional Performing Arts School)에서 노래와 춤은 물론이고, 만능 엔터테이너로서의 모든 과정을 이수한 그녀는 남들보다 뛰어난 실력 때문에 TV 광고 출연섭외가 끊이지 않았고 크고 작은 무대에서 노래솜씨와 춤 실력을 뽐냈다. 그리고 열한 살 되던 해에 그토록 꿈에 그리던 틴에이저 스타의 등용문인 「미키 마우스 클럽」의 무대에 가뿐히 안착했다.

이후 자이브(Jive) 레코드사와 계약을 체결한 그녀는 열일곱 살 되던 해인 1999년 데뷔앨범 『...Baby One More Time』을 발표하며 음악계에 일대 센세이션을 일으켰다. 첫 싱글로 발표한 타이틀 곡 「...Baby One More Time」과 앨범이 동시에 빌보드 차트 정상을 차지하는 기염을 토하며, 앨범은 미국 내에서만 1,200만 장이라는 놀라운 판매고를 기록했다. 이어서 음반에 수록된 「(You Drive Me) Crazy」「Sometimes」「From The Bottom Of My Broken Heart」 등도 빅 히트를 기록했다.

이듬해에 발표된 2집 앨범 『Ooops!...I Did It Again』 역시 소포모어 징크스를 비웃기라도 하듯 빌보드 앨범차트 1위에 오르며 또다시 미국에서만 1,300만 장의 경이적인 앨범 판매량을 기록했다. 두 장의 앨범으로 미국을 포함한 전세계에서 기록한 판매량이 무려 3,700만장이나 된다. 음악적인 면은

둘째로 치더라도 상업적인 측면과 대중적인 측면에서 그녀를 능가할 가수는 그리 많지 않았다. 브리트니의 이런 가공할 만한 매머드급 인기는 음악계의 지형도를 완전히 바꿔놓았고, 제2의 브리트니를 꿈꾸는 많은 틴에이저 가수들이 우후죽순처럼 생겨났다. 가히 '브리트니 신드롬'이라 할 만했다.

사실 브리트니의 음악을 들어보면 특별한 것은 없다. 노래를 뛰어나게 잘하는 것도, 음악 스타일도 신선하지 않다. 또한 브리트니의 얼굴도 아주 예쁜 편은 아니다. 그런데 브리트니 스피어스가 최고의 인기를 누리는 이유는 당당하고 자신감 넘치는 그녀의 모습 때문이다. 그리 크지 않은 키와 아담한 체격을 가지고 무대를 장악하는 당찬 모습은 같은 십대 소녀들에게는 나도 할 수 있다는 자신감을 주기에 충분했고, 어른들에게도 눈에 거슬리지 않을 만큼 보기에 흐뭇하게 다가왔다.

록 음악 전문지 『롤링스톤』에서 브리트니가 아메리칸 스윗하트로 등극하게 된 주 요인으로 '건강함'을 뽑은 것도 이 때문이다. 브리트니 스피어스의 음반 구매층이 또래 계층에만 국한되지 않고 전 연령층으로 고루 퍼진 것도 이런 건강한 열정이 작용했을 것이다. 이와 함께 섹시한 코드로 전신을 무장한 것도 성인계층을 팬으로 끌어들이는 데 크게 일조를 했다. 일부에서는 어린나이답지않게 너무 옷을 섹시하게 입는 것 아니냐는 비판의 목소리도 적지 않았으나, 그녀의 자신감 넘치는 태도는 그런 우려를 불식시키기에 충분했다. 그녀는 '어린 섹스 심벌'이었다.

제2의 마이클 잭슨을 꿈꾸는 '킹 오브 팝(King Of Pop)'

저스틴 팀벌레이크는 1990년대 후반부터 지금까지 백스트리트 보이스(Backstreets Boys)와 함께 틴 팝씬(Teen Pop Scene)에서 최고의 인기를 누리고 있는 보이밴드 엔 싱크의 프론트맨이다. 게다가 2002년에는 솔로 데뷔작 『Justified』를 발표하면서 십대 취향의 댄스 음악에서 벗어나 흑인음악의 깊은 맛을 내고 있는 중이다. 지난 2003년 『롤링스톤』에서는 한 해의 음악계를 결산하는 특집기사에서 저스틴 팀벌레이크를 '올해의 인물'로 선정하며 '새로운 팝의 황제(The New King Of Pop)'라는 영광스런 칭호를 붙였다. 마이클 잭슨의 뒤를 이을 대형 스타임을 평단에서도 인정한 것이다. 이처럼 저스틴 팀벌레이크 역시 브리트니 스피어스와 마찬가지로 십대 또래 집단은 물론이고, 팝 음악을 듣는 모든 계층을 아우르는 진정한 아티스트로서 우뚝 섰다.

브리트니와 같은 해인 1981년 1월 31일 테네시주의 멤피스 지방에서 출생한 저스틴은 브리트니 스피어스, 크리스티나 아길레라(Christina Aguilera) 등과 함께 어린시절 디즈니 채널의 「미키 마우스 클럽」에 출연하면서 엔터테이너로서의 첫발을 내디뎠다. 「미키 마우스 클럽」에서 MC로 활동하며 후일 엔 싱크의 동료가 되는 JC 등과 친분을 쌓게 된 그는 보컬과 작곡공부를 하며 가수의 길로 들어서기 위한 준비를 차근차근 했다. 이후 JC와 함께 올랜도로 건너간 저스틴은 1996년 크리스 커크패트릭(Chris Kirkpatrick), 조이 페이튼(Joey Fatone), 랜스 베이스(Lance Bass)와 엔 싱크를 결성하였다.

2년 뒤인 1998년 발표한 엔 싱크의 데뷔음반 『NSYNC』는 미국에서만 천만 장이 넘게 팔려나가며 백스트리트 보이스와 함께 '보이밴드 열풍'을 전세계에 몰고 왔다. 1999년 발표된 2집 『No Strings Attached』도 기대를 훌쩍 뛰어넘는 결과를 얻었다. 「Bye Bye Bye」「It's Gonna Be Me」 등의 박진감 넘치는 댄스곡들은 메가 히트를 달성하였고, 음반은 발매 2주일만에 미국에서 200만 장의 판매고를 기록할 정도로 불티나게 팔려나갔다. 틴에이저들의 절대적 지지를 등에 업은 가공할 만한 엔 싱크의 파워는 당시 라이벌 관계에 있던 백스트리트 보이스를 차츰 뒷골목으로 몰아넣었다.

저스틴의 재능이 본격적으로 발휘되기 시작한 것은 2001년에 발표한 3집 『Celebrity』부터이다. 작곡가로서, 공동 프로듀서로서 저스틴의 가능성을 보여주기 시작한 시점이기 때문이다. 첫 싱글이었던 「Pop」「Celebrity」「Gone」 등의 주요곡들을 포함한 7곡이 그의 손으로 만들어졌고, 다섯 곡을 공동 프로듀싱했다. 그러나 엔 싱크는 어디까지나 풍선껌처럼 언제 터져 버릴지 모르는, 변덕스러운 십대들을 위한 버블검 밴드였다. 특히 음악적인 독립을 꿈꾸던 저스틴에게 틴에이저들의 트렌드를 지향해야하는 보이밴드는 자신의 꿈을 가로막는 커다란 벽이나 다름없었다. 결국 저스틴은 독립을 선언하고, 2002년 솔로 데뷔작 『Justified』를 통해 댄스가수가 아닌 아티스트로의 변신을 시도했다. 결과는 대성공이었고, 이제 저스틴은 마이클 잭슨의 후계자라는 말을 들을 정도로 도약을 했다. 가장 좋아하는 앨범이 마이클 잭슨의 최고 명반 『Thriller』(1982년)라고 했던 어린시절의 꿈이 이루어진 것이다.

친구에서 연인으로

브리트니 스피어스와 저스틴 팀벌레이크는 매니지먼트사에 의해 키워진 '기획상품'이었다. 둘은 틴 팝 시장의 무한한 잠재력을 확인한 음반산업에 의해 어렸을 때부터 체계적으로 전문교육을 받으며 엔터테이너로서의 밑거름을 차근차근 닦아나갔고, 대형스타로 성장을 했다. 때문에 어린시절부터 노래와 춤에 대한 기본기를 같이 익히며 힘들 때마다 서로를 위로해주는 친구였다.

친구에서 연인으로 발전하게된 시점은 둘 다 최고의 인기 가도를 달리고 있을 무렵인 지난 2000년경이다. 브리티니의 열여덟 살 생일파티 때 서로 매우 다정한 모습을 연출하면서 호사가들의 입을 통해 둘의 열애설이 급속도로 퍼져나갔다. 그러나 당시 그들은 서로 입을 맞춘 듯 "가끔씩 만나는 사이일 뿐이지, 연인사이는 아니다"며 고개를 저었다. 그러나 어느 누구도 그들의 말을 믿지 않았다. 대중들은 그 말이 의례적인 코멘트일 뿐이라는 것을 그동안 다른 연예인 커플들의 대처방법을 통해 너무도 잘 알고 있었다.

단숨에 이 동갑내기 커플은 세계에서 가장 주목받는 연인이 되었다. 어딜 가나 기자들과 파파라치, 극성팬들이 뭔가 하나라도 건지기 위해 지근거리며 따라다녔다. 하지만 둘은 이런 상황에 아랑곳 않았다. 둘의 사랑은 2001년에 최고조에 달했다. "같이 있는 시간이 너무 많아서 짜증이 날 정도"라는 브리트니의 말이 두 사람의 사랑을 짐작해 볼 수 있게 해준다. 그해 발매된 브리트니 스피어스의 3집 앨범 『Britney』의 수록곡 중 「What It's Like To Be Me」는 사랑하는 연인을 위해 저스틴이 직접 곡을 쓰고, 코러스로 참여한 러브송이다. 간접적으로나마 둘의 관계를 충분히 짐작할 수 있는 곡이다.

당신이 나에게 말할 때, 나는 소녀들 중 한 명이에요. 내가 단지 네가 집으로 데려가고 싶은, 네 것으로 만들고 싶은 여자에 지나지 않는다고 내게 말할 때면. 넌 내가 뭘 좋아하는지 아니? 내가 무엇을 위해 사는지, 무엇을 동경하는지. 이제 알려줄 때야. 난 내 길을 희생하는 그런 사람이 아니라는 것을. 네가 내 남자가 되고 싶다면 말야. 내 발로 먼 길을 걸을 거야. 나에게 옳게 행동해. 안 그러면 난 상처받게 돼. 모르겠니? 내 곁에 있고 싶다면 날 이해해야만 돼.

간접적으로나마 둘의 관계를 알 수 있는 곡이다. 하지만 대중들의 관심은 이들 커플의 사랑이 뜨거워질수록 다른 곳으로 향했다. 바로 브리트니와 저스틴이 함께 잤느냐하는 것이었다.

브리트니가 데뷔 후 결혼하기 전까지 순결을 지키겠다는 순결 서약을 공식적으로 했기에 이는 사람들의 관심을 모으기에 충분했다. 브리트니가 가는 곳이면 어디든지 취재진들이 모여들어 아직도 처녀인지를 캐물었다. 이에 대해 브리트니는 "왜 그런 말을 했는지 후회된다. 나이를 먹으면서 누구나 부딪히는 문제다"라는 아리송한 말로 정확한 답변을 피하곤 했다.

하지만 얼마 후 두 사람이 브리트니의 집에서 밤을 지새고 아침에 함께 나오는 장면이 카메라에 목격되면서 틴 팝 여왕의 순결신화는 하루아침에 무너졌다. 2001년 1월부터 브리트니의 집에서 동거를 시작했음에도 불구하고, 깨끗한 이미지를 고수하기 위해 매니지먼트회사에서 밝히기를 꺼려했던 것이다. 브리트니도 2003년 7월 저스틴과 헤어진 뒤 가진 한 잡지와의 인터뷰에서 전 남자친구와 잠자리를 가졌음을 고백했다. "지금까지 오직 한 사람과만 잤어요. 저스틴과 2년 간 사귀었고 그가 내 일생의 남자라고 생각했거든요. 하지만 내가 틀렸어요"라고 그녀는 인터뷰에서 말했다.

이별 그 후

세기의 커플에 대한 미디어와 대중들의 이런 도에 지나친 관심은 결국 두 사람의 사이를 점차 힘들게 만들어간 원인 중 하나였다. 또한 2002년에 접어들면서 각자의 활동 때문에 자주 만나지 못한 것도 결별의 이유로 작용했다. 브리트니는 첫

주연을 맡은 영화 「크로스로드 _Crossroads_」의 촬영과 홍보로 바쁜 나날을 보냈고, 저스틴 역시 첫 솔로 앨범의 작업을 위해 매진했다. 그리고 결국 영화 「크로스로드」의 홍보를 위해 함께 언론에 모습을 드러낸 직후, 그들은 헤어졌다. 이별 직후 저스틴은 "우린 각자의 길을 가기로 결정했다. 그녀가 부르면 언제든지 달려가겠다. 한 인간으로서 그녀를 사랑했다"며 아름답게 헤어졌음을 밝혔다.

하지만 저스틴은 솔로 앨범 『Justified』에 수록된 「Cry Me A River」의 뮤직 비디오와 노랫말을 통해 '브리트니가 배신해서' 헤어졌다는 사실을 만천하에 공개했다. 브리트니와 비슷한 외모의 여성이 등장하는 뮤직비디오와 애절한 노랫말은 사람들의 이목을 끌기에 충분했다.

내게 사랑한다고 말해놓고선 도대체 왜 떠나갔나요. 이제 당신은 내가 필요하다고 하죠. 당신이 내게 전화 걸었을 때 말이죠. 이젠 내가 거절하겠어요. 당신은 나를 다른 남자랑 착각했나봐요. 모든 건 끝났어요. 이젠 당신 차례죠. 당신이 울 차례예요. 어디 한 번 맘껏 울어봐요.

이에 대해 브리트니는 대꾸할 가치도 없다며 언급을 피했다. 하지만 미국의 한 연예관련 사이트에서 네티즌을 대상으로 헤어진 이유에 대해 설문조사를 한 결과 응답자의 75퍼센트가 "브리트니가 저스틴을 배반했다"고 보고 있다.

결별 이후 브리트니와 저스틴은 '바람 바람 바람'을 외치고 있다. 브리트니는 영화 배우 콜린 퍼렐(Collin Farrell), 록 밴드 림프 비즈킷의 리더 프레드 더스트(Fred Dust) 등과 데이트를 하며 신문지상에 오르내리더니, 급기야 2004년 1월 3일, 미국 라스베이거스에서 동갑내기 소꿉친구인 앨런 알렉산더와 결혼식을 올려 전세계 팝 팬들을 놀라게 만들었다. 그리고 하루 뒤인 1월 4일 공식적으로 결혼무효절차를 밟을 것이라며 깜짝 소동에 불과했음을 내비치는 등 종잡을 수 없는 행보를 거듭하고 있다. 저스틴 또한 팝 가수 재닛 잭슨(Janet Jacson)을 비롯한 숱한 가수와 영화배우, 모델 등과 염문을 뿌리며 할리우드에서 급부상한 최고의 플레이보이로 명성을 날리다가, 2003년 여름부터 인기 여배우 카메론 디아즈와 사귀고 있다.

브리트니 스피어스와 저스틴 팀벌레이크의 사랑과 이별은 상업적인 마인드를 최우선으로 하는 미국 연예사업의 축소판이나 다름없다. 오로지 엔터테이너를 꿈꾸며 어릴 때부터 거대한 보호막 아래서 성장한 그들은 틴 아이돌 스타로 정상의 위치에 있을 때 서로 사랑하며 최고의 상품성을 유감없이 발휘했다. 그러나 만들어낸 가수라는 껍질을 깨고 진정한 아티스트로 거듭나기 위해 노력하면서는 이별을 했다. 그것은 「미키 마우스 클럽」에서 만났을 때 이미 예견된 수순이었다.

세기의 사랑 이야기

펴낸날	초판 1쇄 2004년 5월 15일
	초판 3쇄 2012년 5월 31일

지은이	안재필
펴낸이	심만수
펴낸곳	(주)살림출판사
출판등록	1989년 11월 1일 제9-210호

경기도 파주시 문발동 522-1
전화 031)955-1350   팩스 031)955-1355
기획·편집 031)955-4662
http://www.sallimbooks.com
book@sallimbooks.com

ISBN	978-89-522-0228-4 04080